Kurt Tepperwein

Spirituelle Partnerschaft

AF215073

Kurt Tepperwein

Spirituelle
Partnerschaft

SeminarWissen

Originalausgabe 2005
© 2005 by spirit Rainbow Verlag, Aachen

Sonderauflage
2020 © by IAW Anstalt, Vaduz
www.iadw.com

ISBN: 978-3-7504-2913-0

Die Deutsche Nationalbibliothek verzeichnet diese Publikation
in der Deutschen Nationalbibliografie; detaillierte bibliografische Daten
sind im Internet über www.dnb.de abrufbar.

Umschlaggestaltung: www.layART.li
Umschlagmotiv: ©pixabay/polka-dots

Herstellung und Verlag: BoD – Books on Demand, Norderstedt
Made in Germany

Internationale Akademie der Wissenschaften (IAW) Anstalt, FL-9490 Vaduz
Tel. +423/233 12 12, Fax +423/233 12 14

Auch eine Reise von tausend Meilen
fängt mit dem „ERSTEN SCHRITT" an!
Achte auf Deine Gedanken
sie sind der Anfang Deiner Taten!

Wer heute einen Gedanken sät,
der erntet morgen die Tat,
übermorgen die Gewohnheit,
danach den Charakter
und endlich sein Schicksal!

Liebe Leser!

Sie halten ein besonderes Buch in Händen. Erleben Sie einmal eine ganz neue Form, ein Buch zu lesen.

Dieses Buch ist anlässlich einer Seminar-Live-Aufzeichnung entstanden, und darum nennen wir es die ‚Seminarbibliothek'. Die Buchinhalte werden Ihnen so präsentiert, als wenn Sie selbst an diesem Seminar teilnehmen würden. Lassen Sie sich daher beim Lesen einfach in den Seminarraum ‚entführen', seien Sie einfach mit dabei.

Der Nutzen dieses Buches ist es, ‚Praxiswissen' zu erfahren, damit Sie es gleich für Ihre persönliche aber auch Ihre berufliche Lebensgestaltung verwenden können. Interessante Teilnehmerfragen werden vom Autor kompetent und praxisnah beantwortet. Viele Beispiele aus dem Leben des Autors ‚helfen' Ihnen, für Ihre eigenen ‚Lebensaufgaben' Lösungen zu finden.

Diese ‚Seminarbibliothek' wird Sie von Schritt zu Schritt begleiten (so, als wenn Sie einen Roman lesen) und Sie leicht zum Ziel führen. Es sind Bücher, die Sie auch als idealen Begleiter in der Freizeit oder im Urlaub lesen können.

In unserer Seminarbibliothek ist bewusst auf zu viel theoretischen Ballast verzichtet worden – das ‚Praxiswissen' steht im Vordergrund. Ein ‚Balance-Buch', das Sie in jeder Hinsicht begeistern und motivieren wird. Lebendige Lebenshilfebücher zur ‚Selbsthilfe', die alles Wesentliche zum Thema enthalten, damit Sie ein erfolgreiches und glückliches Leben gestalten können.

Wir wünschen Ihnen viel Freude und gute Unterhaltung.

Kurt Tepperwein: Ich begrüße Sie sehr herzlich zu unserem heutigen Thema „Partnerschaft und Liebe" und möchte gleich mit einer Frage beginnen. Wer von Ihnen hat denn einen Partner? Wozu? Ja, Sie haben einen. Warum?

Teilnehmerin: *Ja, um zu lernen.*

Kurt Tepperwein: Um zu lernen. Das geht natürlich, das stimmt. Dazu kann man die gut gebrauchen.

Also, es ist sehr weit verbreitet, dass man sich einen Partner sucht. Und natürlich sollte man sich einmal fragen, warum man sich das eigentlich antut. Das ist ja mit vielen Schwierigkeiten verbunden. Aber bevor wir einsteigen, brauchen wir vielleicht ein bisschen von dem Schlüssel. Denn die Bedürfnisse und die Wünsche aneinander sind so konträr, dass das eigentlich gar nicht gut gehen kann. Es wird zwar immer wieder versucht, aber es kann eigentlich nicht funktionieren. Es sei denn, man hat etwas von dem, was man Liebe nennt. Und je mehr man davon hat, umso leichter geht es. Und wenn man viel davon hat, oder alles, dann geht es natürlich ganz leicht. Dann ist das gar kein Problem, dann macht sogar das Lernen Freude.

Wir haben heute das Thema „Partnerschaft und Liebe". Wenn die beiden zusammen kommen, dann ist Partnerschaft sehr schön, sehr erfüllend. Aber sehr oft ist das nicht der Fall, oder nicht genug, und dann wird Partnerschaft alleine schwierig. Und trotzdem hat fast jeder einen Partner. Meine Frage war: Warum tun Sie sich das an? Warum gehen Sie in eine so schwierige Situation freiwillig? Wir haben eine Antwort gehört, zum Beispiel um zu Lernen. Da gibt es sicher einfachere Wege um zu Lernen, warum wählen Sie gerade so ziemlich den schwierigsten? Was haben die anderen für eine Entschuldigung? Das hört sich zwar ein bisschen spaßig an, aber das ist eine ernste Frage. Warum habe ich einen Partner?

Teilnehmerin: *Um meine Aufgabe im Leben zu erfüllen.*

Kurt Tepperwein: Das wäre alleine viel einfacher.

Teilnehmerin: *Ja, aber den Partner krieg' ich ja vom Leben als Aufgabe, oder ich habe sie mir selber gewählt, die Aufgabe.*

Kurt Tepperwein: Als Aufgabe, um zu Lernen, das hört sich alles noch ein bisschen schwer an. Das tun Sie alles freiwillig. Sie wollen freiwillig die Aufgabe auf sich nehmen, er will freiwillig lernen. Da müsste es doch noch andere Beweggründe geben, warum man sich einen Partner auflädt.

Teilnehmerin: *Es gibt auch angenehme Seiten.*

Kurt Tepperwein: Tatsächlich? Ist ja schön. Das macht dann das Ganze verständlicher. Also, Partnerschaft hat auch angenehme Seiten. Was könnte da zum Beispiel möglich sein?

Teilnehmerin: *Zum Beispiel, wenn man traurig ist und es ist jemand da und man nimmt ihn nur in den Arm, dann erfüllt einen das dann auch schon.*

Kurt Tepperwein: Da könnte man sich dann auch in seine

Bonboniere setzen, und ein Gummibärchen hält meine Hand und dann geht die Traurigkeit vielleicht auch wieder vorbei, und das wäre sehr viel billiger. Aber es ersetzt es nicht, meinen Sie. Aha, es ist also schön, wenn einer da ist, wenn man ihn braucht. Und da haben wir ein wichtiges Stichwort gefunden. Scheinbar brauchen wir den anderen. Brauchen Sie nicht?

Teilnehmerin: *Nein, ich bin ja in mir selber vollkommen. Das, was ich erlebt habe ist, ich habe mir ein Jahr lang einen Partner gewünscht, dann habe ich bei Ihnen gehört, dass ich das eigentlich gar nicht brauche, weil ich ja vollkommen bin.*

Kurt Tepperwein: Dann haben Sie sich das erspart?

Teilnehmerin: *Dann habe ich mir das erspart, habe mir gedacht, gut ..*

Kurt Tepperwein: Was habe ich da angerichtet?

Teilnehmerin: *Nein, ich habe mir gedacht, mir ist es so gut gegangen. Ich war irgendwie auf einmal so glücklich und mir hat nichts gefehlt. Und drei Wochen später habe ich einen Partner kennen gelernt.*

Kurt Tepperwein: So passiert es. Aber die meisten scheinen den anderen doch zu brauchen. Also, zum Lernen, zum Anlehnen, um die Aufgabe zu erfüllen. Wozu kann man einen Partner noch gebrauchen?

Teilnehmer: *Hemden bügeln, Essen kochen …*

Kurt Tepperwein: Da kommt der Praktiker. Hemden bügeln, das könnte man zur Not auch alleine, aber es ist natürlich angenehmer, es ist einer da, der die Hemden bügelt, Essen kocht. Ganz Raffinierte finden noch weitere Verwendungsmöglichkeiten für den Partner. Wozu braucht man ihn möglicherweise noch? Also, zum Anlehnen, zum Trösten.

Teilnehmerin: *Zur Sexualität.*

Kurt Tepperwein: Sexualität, selbst das sollte vorkommen, gelegentlich, ja.

Teilnehmer: *Zum Streiten.*

Kurt Tepperwein: Streiten kann man alleine ja auch nicht, da muss man ja einen haben. Alleine ist das ermüdend zu streiten, ja, da braucht man schon jemanden. Gut, also zum Streiten braucht man auch einen Partner. Und zur Sexualität sagen Sie. Das ist ja unter Umständen auch sehr Problem beladen, macht neue Schwierigkeiten für viele.

Schauen wir doch einmal zurück in die Zeit unserer Kindheit, als wir einen solchen Partner noch nicht brauchten, vor der Pubertät. Da war der wesentliche Unterschied vielleicht, dass Mädchen nicht so gut Fußball spielen können, ansonsten interessierte man sich nicht weiter für sie. Und vielleicht fand man sie als Junge sogar zickig, und die Mädchen umgekehrt wahrscheinlich auch, das kann ich nicht so nachempfinden, das können mir die Damen dann sagen.

Und irgendwann dann, da in dieser Zeit, kam auf einmal das Bedürfnis, ja … Man wusste anfangs gar nicht, was es eigentlich war, man wollte nur auf den anderen zugehen und irgendwas mit dem machen, und alle sagten, das darf man nicht. Und das Gefühl oder der Drang war aber sehr stark. Die Natur hat das also sehr gut eingerichtet. Sie zwingt uns aufeinander zuzugehen. Aber wir sind ja nicht geübt. Das springt uns plötzlich an und dann sagen die anderen, der Junge oder das Mädchen ist jetzt in der Pubertät, seine schwierige Zeit, aber keiner hilft einem.

Man bekommt keinen Rat, kaum, auch die Eltern, die bis dahin immer da waren, sind in der Zeit nicht so besonders hilfreich. Die sagen dann höchstens, dass man das nicht darf, aber da hilft ja nicht weiter. Man ist in dieser Zeit ziemlich alleine gelassen und die meisten lernen ein Leben lang nicht, mit dieser Aufgabe auf den anderen zuzugehen, mit der Aufgabe Partnerschaft, zurecht zu kommen. Und deswegen gehen wir mal Schritt für Schritt durch.

Da haben beide, Jungen und Mädchen oder Mann und Frau, ganz unterschiedliche Bedürfnisse. Und selbst wenn Paare verheiratet sind, sprechen sie meistens nicht über die unterschiedlichen Bedürfnisse. Ja, jeder einzelne ist sich oft nicht einmal so klar über dieses Bedürfnis. Weil es ihm so selbstverständlich ist, hat er gar nicht die Idee mit dem anderen darüber sprechen zu müssen. Er kommt gar nicht auf die Idee, der andere könnte das gar nicht wissen.

Irgendwie erwacht in dieser Zeit im Mann so der Neandertaler, der alles haben möchte, was nicht schnell genug auf die Bäume kommt. Und, bei der Frau ist das natürlich ganz anders. Das heißt, jetzt entstehen auf einmal ganz unterschiedliche Bedürfnisse. Und diese unterschiedlichen Bedürfnisse bleiben bestehen, und man findet einen mehr oder weniger glücklichen Kompromiss, um damit umzugehen.

Aber kaum jemand spricht wirklich mit dem anderen und sagt ihm, ich möchte jetzt das. Man erlebt höchstens frustrierend, dass ein Mann eine Frau so lange bedrängt, bis sie nachgibt, und wenn sie dann nachgegeben hat, dann dreht er sich auf die andere Seite und schläft. Und sie ist jetzt bereit für das Miteinander, aufgewacht, und es ist beendet, bevor es überhaupt begonnen hat. Dann ist man enttäuscht, und der Mann weiß nicht, was er falsch gemacht haben sollte, es war doch schön für ihn. Und da prallen eben diese unterschiedlichen Bedürfnisse aufeinander. Und jetzt könnte die Kommunikation einsetzen, jetzt könnte man das kommunikativ überbrücken, man könnte feststellen, na, was willst du und warum, und was will ich, und wie können wir das auf einen Nenner bringen.

Schauen wir doch einmal hin, wie Sie das machen. Wenn Sie in der Liebe sind, dann findet die Liebe natürlich die richtigen Worte. Vielleicht verstehen Sie sich sogar ohne Worte, und finden einen Weg zueinander. Sie stehen auf jeden Fall vor der Aufgabe, ihre individuelle einmalige Form des Miteinander zu finden. Und die meisten finden das ein Leben lang nicht. Dann bleibt es bei einem mehr oder weniger tragbaren Kompromiss.

Also, wie sieht das bei Ihnen aus? Wie machen Sie es, dass Sie die unterschiedlichen Bedürfnisse auf einen Nenner bringen? Vielleicht können wir voneinander lernen. Sie alle haben ja Lebenserfahrung, wie haben Sie die Aufgabe miteinander gelöst? Soweit Sie sie gelöst haben. Lassen Sie mich mal aus dem reichen Schatz Ihrer Erfahrung etwas hören, dass wir miteinander, aneinander lernen. Keiner weiß, wie es geht?

Teilnehmerin: *Was ich mache, ist, wenn ich das Gefühl habe, es kommt ein Bedürfnis in mir hoch, und der Partner ist auf einer anderen Ebene, dann versuche ich mir dessen bewusst zu werden, dass ich mich ja jetzt offensichtlich in irgendeiner Form abhängig mache. Und was ich mache, ich gehe zurück in das Bewusstsein der Vollkommenheit und dann löst sich das auf, und dann stelle ich automatisch an den Partner keine Forderung mehr.*

Kurt Tepperwein: Also, da hören wir zum Ersten mal, dass man möglicherweise an einen Partner auch Forderungen stellen kann. Forderungen aber sind der Tod der Liebe. Sobald ich etwas verlange, begrenze ich die Liebe, und je mehr ich verlange, desto weniger Liebe kann da sein. Liebe kann man nicht verlangen, kann man schon gar nicht fordern, oder gar einklagen. Sie geschieht oder sie geschieht eben nicht. Ich kann mich vielleicht bereit machen dafür. Hier ist ein Weg gezeigt worden, indem ich mich auf meine Vollkommenheit besinne und in dieser Erkenntnis mein Bedürfnis auflöse. Aber vielleicht lässt sich das nicht ganz auflösen und kommt immer mal wieder. Dann kann ich natürlich immer wieder den Weg der Erkenntnis und der Vollkommenheit gehen, dann bin ich autonom, ich brauche keinen Partner.

Teilnehmerin: *Der gegenseitige Austausch im Gespräch mit dem Partner. Viel mit dem Partner bereden …*

Kurt Tepperwein: Sie reden also gelegentlich mit ihrem Partner?

Teilnehmerin: *Ja, ja, ich habe extra deswegen den Fernse-*

her abgeschafft, um noch mehr Zeit zu haben, mich mit dem Partner auseinander zu setzen und das tut uns gut.

Kurt Tepperwein: Sie sollten sich besser zusammen setzen. Ach so machen Sie das: Sie setzen sich zusammen, um sich dann auseinander zu setzen. Gut, also Sie sehen so aus, als ob Sie tatsächlich viel miteinander reden. Was kommt dabei raus? Gelegentlich Streit?

Teilnehmerin: *Weniger, aber es spitzt sich manchmal schon ein bisschen was zu. Aber durch dieses miteinander reden kompensieren sich viele Streitpunkte, das heißt also, es kommt nicht zur Spitze, sondern das wird schon vorher ausgeglichen. Und das kann man auch wirklich nur durch miteinander reden, meines Erachtens, erzielen.*

Kurt Tepperwein: Also, da haben wir doch wieder etwas gelernt, man kann mit einem Partner auch reden. Es ist sinnvoll? Gut, also sollten wir einmal überlegen, ob wir von dieser Möglichkeit gelegentlich Gebrauch machen wollen, mit dem Partner einmal zu reden. Wir können ihm also, wie Sie gesagt haben, unsere Bedürfnisse schildern, oder wir können sie in der höchsten Erkenntnis auflösen. Zwei Wege – jeder wie er mag. Dann haben wir gesehen, dass es trotz dem Reden, trotz der Kommunikation, gelegentlich zu Streit kommen kann. Worüber kann man sich streiten? Haben Sie sich schon mal gestritten mit Ihrem Partner?

Teilnehmerin: *Über Kleinigkeiten ...*

Kurt Tepperwein: Kleinigkeiten? Was könnte da als Möglichkeit so genommen werden?

Teilnehmerin: *Wenn er was liegen lässt und nicht aufge-räumt hat.*

Kurt Tepperwein: Aha, das könnte ein Problem sein, ja.

Teilnehmerin: *Also, wir haben ja auch von der Sexualität gesprochen und ich glaube, ein großes Problem sind die unter-schiedlichen Bedürfnisse der zwei Geschlechter. Und gerade, wenn Kinder da sind, habe ich den Eindruck, dass das sich richtig raus kristallisiert.*

Kurt Tepperwein: Wie sehen Sie die Unterschiede in den Bedürfnissen? Was wäre Ihr Bedürfnis und was wäre das Bedürfnis Ihres Partners?

Teilnehmerin: *Also, bei uns sind sie unüberbrückbar, würde ich sagen.*

Kurt Tepperwein: Ja gut, aber worin bestehen sie?

Teilnehmerin: *Auf der männlichen Seite sind die Bedürfnisse sehr technisch ... – und das Bedürfnis der Frequenz ist ganz anders.*

Kurt Tepperwein: Ja, das ist grundsätzlich so.

Teilnehmerin: *Und ich habe bei mir gemerkt, seit meine Kinder da sind, ist das etwas viel Natürlicheres. Also, ich habe einen ganz anderen Zugang bekommen zu diesem Thema. Und dort entstand eine Kluft.*

Kurt Tepperwein: Also, zu Sexualität haben Sie einen natürlicheren Zugang bekommen, und dadurch entstand eine Kluft, weil er mehr Techniker ist. Und das ist jetzt unüberbrückbar, er will Techniker bleiben und er sucht eine Technikerin?

Teilnehmerin: *Ich wünsche ihm, dass er eine findet ...*

Kurt Tepperwein: Und wie wären Ihre Bedürfnisse, wie sähe ihr idealer Partner aus?

Teilnehmerin: *Das kann ich im Moment nicht sagen.*

Kurt Tepperwein: Vielleicht haben Sie Teilaspekte, was Sie sich wünschen würden, wie er sein könnte?

Teilnehmerin: *Ein Partner, also jemand, der mit mir zusammen geht. Mehr Verständnis.*

Kurt Tepperwein: Also, Verständnis, dass das Miteinander eine größere Rolle spielt, oder vielleicht im Idealfall sogar ständig praktiziert wird, dass man das Leben miteinander lebt.

Teilnehmerin: *Ich bin jetzt auch soweit, ich brauche eigentlich keinen Partner.*

Kurt Tepperwein: Die Frage taucht natürlich irgendwann auf. Warum soll ich mir das überhaupt antun? Ist ja so viel leichter, ohne. Trotzdem ist es sehr weit verbreitet. Also, es muss einen Grund haben und dem sollten wir heute auf die Spur kommen, warum sich so viele Menschen einen Partner zulegen.

Teilnehmer: *Herr Tepperwein, was war denn Ihr Grund gewesen?*

Kurt Tepperwein: Mein Grund war einfach die Wirklichkeit: Es ist so, wir gehören zusammen.

Und es kam im dümmsten Augenblick, zu einer Zeit, wo es gar nicht passt und die äußeren Umstände gar nicht günstig waren. Nur die Wirklichkeit stand da und sagte, ich bin da. Und dann stellt sich nicht die Frage, warum und ob und wie oft oder ab wann. Es ist! Und ab dann ist es eine Aufgabe, ein Geschenk. Denn jede Aufgabe ist ja eine Gabe, auch wenn man dahinter geschaut hat. Erst musste man durch das Auf und das Ab, und dann kam allmählich immer deutlicher die Gabe zum Vorschein.

Anfangs haben wir manchmal gesucht, wo sie denn ist, und haben sie beide nicht gefunden, aber wir wussten, irgendwo muss sie sein. Und dann irgendwann haben wir sie gefunden. Und jetzt ist sie da. Wenn also Schwierigkeiten, oder, wenn eine Partnerschaft schwierig ist, und man sich das trotzdem immer wieder antut, und man merkt das ja daran, dass welche, die endlich glücklich geschieden sind nach kurzer Zeit wieder heiraten, oder zumindest wieder in eine neue Partnerschaft gehen, als ob sie nichts gelernt hätten.

Also frage ich mich, was zieht da eigentlich so stark? Ist es die Sexualität? Das man eben ein Bedürfnis hat, das gestillt werden muss? Oder ist es der Praktiker? Das eben die Hemden so unordentlich aussehen und das Essen nicht richtig schmeckt, wenn man sich das selber macht, und dass man dafür jemanden braucht. Oder was gibt es noch für Gründe? Wozu haben Sie Ihren Partner? Alle haben den ohne Grund? Also, lernen hatten wir schon, Aufgabe, Anlehnen, Trösten ... – Wozu haben Sie Ihren Partner?

Teilnehmerin: *Mein Wunsch wäre eine geistige, eine spirituelle Partnerschaft. Wenn ich einen Partner finde, der mit mir die gleiche Entwicklung machen will. Das wäre für mich das Ideale.*

Kurt Tepperwein: Eine ausschließlich spirituelle Partnerschaft? Oder darf er gelegentlich Ihre Hand halten?

Teilnehmerin: *Nein, nicht ausschließlich, das dürfte er schon.*

Kurt Tepperwein: Vielleicht sogar in einem kecken Augenblick einen Kuss geben? Also, das könnte dazu gehören?

Teilnehmerin: *Ja.*

Kurt Tepperwein: Aber nur, wenn das spirituelle stimmt. Also, das spirituelle wäre dann der Mittelpunkt der Partnerschaft.

Teilnehmerin: *Ja, auch in Bezug auf Kinder und jede andere Auffassung des Lebens.*

Kurt Tepperwein: Ja, ich glaube, dass eigentlich jede Partnerschaft von Natur aus eine spirituelle Partnerschaft ist. Die Natur führt uns zwar über den Körper vielleicht aufeinander zu, aber gedacht ist jede Partnerschaft als Seelenpartnerschaft, als spirituelle Partnerschaft. Und das ist schwer zu finden. Woran könnte das liegen, dass da eine Schwierigkeit ist?

Teilnehmerin: *Wenn die Verbindung da ist, im geistigen Bereich, das in die Materie umzusetzen, mit den weltlichen und den kleineren Problemen umzugehen. Ich glaube auch kaum, wenn ich eine Partnerschaft aufhöre, oder sie beende, dass die Probleme gelöst sind. Also, ich habe es erlebt, die selben Probleme. Ich habe dann lange gewartet, fast zwanzig Jahre, und bin jetzt wieder verheiratet und habe wieder die gleichen Probleme, die ich damals nicht gelöst habe. Die sind jetzt zu lösen, die stehen an. Ich frag' mich manchmal, wieso? Im Grunde genommen weiß ich es, aber es wäre einfacher gewesen, alleine zu sein …*

Kurt Tepperwein: Ja, deswegen meine Frage an den Fachmann. Sie haben es gerade erlebt, warum haben Sie wieder geheiratet?

Teilnehmerin: *Um die Lektion zu beenden?*

Teilnehmer: *Ich habe mir vorgenommen, den Lernprozess, den ich mir vorgenommen habe, in dieser Inkarnation auch durchzuarbeiten.*

Kurt Tepperwein: Obwohl, Ihre Frau wäre sicherlich enttäuscht, wenn Sie ihr sagen, sie wäre nur ein Lernprozess, den Sie in dieser Inkarnation durcharbeiten wollen.

Teilnehmer: *Darum arbeiten wir beide.*

Kurt Tepperwein: Also, ich hoffe schon, dass da noch etwas anderes dahinter steht, aber das kann natürlich ein wichtiger Aspekt sein, dass sich einfach diese Aufgabe stellt. Aber kommen wir noch mal zurück auf die Spiritualität. Wer vermisst denn noch in seiner Partnerschaft Spiritualität?

Teilnehmerin: *Also, bei mir war so. Als ich anfing, mich mit den geistigen Gesetzen zu beschäftigen und mit positivem Denken, und eben diesem Weg, den ich für mich gewählt habe immer weiter zu gehen, habe ich gemerkt, dass ich mich von dem Partner, den ich bis dahin hatte, immer mehr distanziert habe. Er konnte mir also dann nicht folgen. Er war auf einer anderen Bewusstseinsebene und er war auch nicht bereit dazu, die zu verlassen.*

Kurt Tepperwein: Aber Sie hätten ja bereit sein können, Ihre Spiritualität loszulassen und auf seine Bewusstseinsebene zu gehen.

Teilnehmerin: *Ja, dann hätte ich zurück gehen müssen, und das konnte und wollte ich nicht.*

Kurt Tepperwein: Also, wenn man aus der Spiritualität weggeht, das ist zurück?

Teilnehmerin: *Ja, ich hätte das so empfunden.*

Kurt Tepperwein: Aha, und wo ist vorwärts?

Teilnehmerin: *Einfach diesen Weg immer weiter zu gehen und immer …*

Kurt Tepperwein: Wo führt der eigentlich hin?

Teilnehmerin: *Ich weiß nicht, ob das so wichtig ist, dass der ans Ziel führt. Ich denke, der Weg selber ist das Ziel.*

Kurt Tepperwein: Aber wenn ich kein Ziel habe, dann finde ich den Weg nicht. Und dann weiß ich nicht, ob ich auf dem richtigen Weg bin …

Teilnehmerin: *Ja, wie Sie gestern sagten, ich habe das für mich gemerkt, das stimmt, der Weg stimmt.*

Kurt Tepperwein: Gut, also wenn Sie in sich gehen, deswegen frage ich ja so lange, bis Sie sich gefunden haben. Sie wissen, das ist mein Weg, das stimmt. Dann ist das Ziel auch gar nicht so wichtig. Wenn ich weiß, ich bin auf dem richtigen Weg, dann muss der auch zum richtigen Ziel führen.

Teilnehmerin: *Und das konnte mein Partner eben nicht verstehen. Er meinte also, das wäre alles Spinnkram, was ich da jetzt mache und …*

Kurt Tepperwein: Och, da steht er nicht alleine mit, da gibt es noch einige, die das denken. Was interessiert ihn denn? Was ist ihm denn wichtig? Wenn das Spinnkram ist?

Teilnehmerin: *Ja, er stand – oder er steht immer noch auf dem Standpunkt, dass er eben nur ein Leben hat und aus diesem einen Leben was machen muss.*

Kurt Tepperwein: Und was bedeutet das? Viel Geld oder Anerkennung?

Teilnehmerin: *Ja, das bedeutet für ihn eben, in seinem Beruf was zu erreichen. Er hat ein Geschäft und das soll gut laufen. Dass er möglichst gesund ist, dass er nette Freunde hat. Das sind halt alles irdische Dinge und er hat es halt auch irgendwo nicht akzeptiert, wenn ich dann sagte: Wenn du morgen abgerufen wirst, was ist dann?*

Kurt Tepperwein: Dann kann er sagen, dann habe ich wenigstens gelebt.

Teilnehmerin: *Ja, das war dann auch das Argument. Dann habe ich mein Leben auch ausgefüllt gelebt.*

Kurt Tepperwein: Und Sie glauben, dass er zufrieden sein wird, wenn er eines Tages 70 sein wird, dann zehn Filialen, und sein Geschäft hat eine Milliarde Umsatz.

Teilnehmerin: *Er ist ja jetzt schon nicht zufrieden, nur das* *akzeptiert er ja nicht, wenn man ihm das gesagt hat. Also, es fehlt im schon irgendwas und deswegen habe ich ja auch lange Zeit immer wieder versucht, ihn doch irgendwie mitzureißen, aber entweder war meine Kraft nicht stark genug oder sein Widerstand war zu groß.*

Kurt Tepperwein: Oder das ist nicht der richtige Partner. Oder es war einmal für eine Zeit lang der richtige Partner, und die Partnerschaft hat eben ihren innewohnenden Gehalt, ihre Möglichkeiten, erfüllt. Das kann ja auch sein.

Also, wir haben gerade wieder einen wichtigen Punkt gefunden. Selbst wenn ich im Außen Erfolg habe, spüre ich, das reicht nicht. Dann will ich erst die Millionen, dann die zehn Millionen und dann noch mehr, vielleicht erreiche ich sogar die Milliardengrenze. Aber irgendwo spüre ich, auf dem Weg kann ich das nicht erreichen, was ich eigentlich in mir suche, nämlich Erfüllung. Das Gefühl, wirklich erfolgreich zu sein. Aber solange ich keinen anderen Weg kenne, kann ich natürlich keinen gehen. Und wenn ich den Weg der Spiritualität für Spinnerei halte, dann ist der verschlossen. Und Sie vermissen auch bei Ihrem Partner noch Spiritualität?

Teilnehmerin: *Ja, das ist ja nicht so, dass er es ablehnt, aber er ist damit noch nicht konfrontiert worden. Es ist für ihn so, dass er mit der ganzen Welt noch nicht umgehen kann.*

Kurt Tepperwein: Wer kann das schon, mit der ganzen Welt umgehen?

Teilnehmerin: *Aber meine ganzen Ideen und so, das ist ihm alles irgendwie noch fremd. Wir kennen uns erst seit*

Dezember, und wir müssen sehen, ob das geht, ob er sich da noch öffnen kann. Weil ich weiß für mich, ich habe es schon erlebt, wenn man eine Partnerschaft führt, in der man sich gegenseitig fördert, und das war unglaublich erfüllend. Das ist nach wie vor noch eine spirituelle Partnerschaft, nur halt jetzt eben auf rein geistig-spiritueller Ebene. Und ich weiß, dass das für mich auf Dauer für eine Partnerschaft unglaublich wichtig ist.

Kurt Tepperwein: Also sehen wir hier, das offensichtlich die geistige Richtung, die Spiritualität, oder wie immer Sie es nennen, in einer Partnerschaft eine wichtige Rolle spielt, und dass das Außen alleine nicht zur Erfüllung führen kann. Vielleicht schauen wir uns einmal unsere individuelle, derzeitige Partnerschaft etwas näher an. Was gefällt Ihnen denn an Ihrem Partner?

Teilnehmerin: Mir gefällt, dass eine spirituelle Begegnung möglich ist. Und meine Schwierigkeit ist, dass es nicht kontinuierlich ist. Es ist was für ihn, was er sehr sucht und dann kommt der Moment, wo es ihm Angst macht und dann stoppt er und geht nicht weiter. Mir gefällt, dass wir die Möglichkeit haben uns dann an einer anderen Stelle wieder zu treffen. Das geht, wenn ich nicht in einen Konflikt mit ihm gehe und nicht versuche, darauf zu bestehen, dass meine Meinung richtig ist. Dann geht er irgendwann auch weiter und wir treffen uns in der Spiritualität wieder. Und meine Schwierigkeit ist es auszuhalten, dass er seinen Weg dahin findet, da immer wieder ganz konkret loslassen zu müssen.

Kurt Tepperwein: Besser ist noch ein Schritt davor, nicht festhalten, dann brauchen Sie auch nicht loszulassen.

Wenn Sie einmal wirklich den spirituellen Weg gehen und erkennen, da ist also ein göttliches Bewusstsein, das diesen Weg geht, seinen Weg, das vielleicht noch sucht, das sich vielleicht noch nicht so lange mit dieser Materie einlassen kann, weil es dann zunächst einen spirituellen Muskelkater bekommt, weil es einfach noch ungewohnt ist. Dann muss man das einfach noch mal loslassen, wie eine Last, und dann kann man wieder weitermachen. Und wenn Sie respektieren, dass jeder Mensch seinen individuellen Weg hat, und das Recht hat diesen Weg zu gehen, und das einfach akzeptieren und respektieren, verschwindet jede Schwierigkeit daraus.

Teilnehmer/in: *Und für mich ist das der Moment, wo dann alles zerbricht, weil ich dann das Gefühl habe, ich kann überhaupt nicht mehr vertrauen. Und ich habe jetzt immer wieder die Erfahrung gemacht, dass es genau so geht und trotzdem ist es so der Moment ...*

Kurt Tepperwein: Ich komme später noch mal auf Vertrauen zurück, weil das ein wichtiger Punkt ist. Schauen wir erst noch einmal, was uns an den Partnern gefällt.

Teilnehmer: *An meinem Partner gefällt mir alles, das stimmt. Aber das Problem liegt bei mir. Ich habe manchmal Schwierigkeiten damit umzugehen.*

Kurt Tepperwein: Sie haben vielleicht das Pech und haben die ideale Partnerin gefunden, sind selber aber noch nicht ganz ideal. Könnte es das sein? Das ist natürlich auch ein Problem, wenn man die ideale Partnerin zu früh bekommt und ist selber noch nicht ideal, dann muss man

Schritte tun. Weil, dann kann man ja nicht mehr vom Anderen erwarten, dass der etwas weniger ideal ist, damit es besser stimmt. Aber Sie sind ja bereit, Schritte zu tun. Und Sie haben auch erkannt, welche Schritte notwendig sind.

Gut, was gefällt den Anderen an ihrem Partner? Gar nichts? Irgendwas müsste Ihnen doch gefallen.

Teilnehmerin: *Seine Wärme und das viele Gefühl, was da rüber kommt. Einfach die Liebe und diese Stärke. Oder es ist noch nicht Liebe in dieser Form, sondern einfach nur unheimlich viel Gefühl.*

Kurt Tepperwein: Unheimlich viel Gefühl, Wärme, Stärke – da tauchte ein Wort auf. Liebe, was ist das eigentlich?

Teilnehmerin: *Ja, eben. Für mich ist Liebe etwas, was eine Zeit lang … ich weiß es nicht. Ich habe das zwei Mal bis jetzt erlebt. Das ist etwas, was von innen heraus entsteht. Ich würde von mir selber jetzt noch nicht sagen, dass ich schon so weit bin, jetzt in diesem Zustand. Ich bin noch in dem Zustand des verliebt seins. Es ist unheimlich schwer zu erklären.*

Kurt Tepperwein: Aber viel wichtiger, als es zu erklären, ist die Tatsache, dass es ist. Gut, schauen wir noch einmal, was gefällt mir an meinem Partner. Was sagen die Anderen?

Teilnehmerin: *Also, das ist die Beständigkeit in dem, dass er ganz stark Interesse an der Beziehung hat und dass ich das Vertrauen entwickeln kann. Auch wenn es ganz dick kommt, er möchte daran arbeiten.*

Kurt Tepperwein: Arbeiten? Hört sich auch noch ein bisschen schwer an. Es wäre schöner, wenn da eine Spur mehr Leichtigkeit reinkommt, miteinander freuen, oder einander genießen, oder wie auch immer. Dass da nicht so viel Arbeit in der Partnerschaft ist.

Teilnehmerin: *Mir gefällt an meinem Partner, alles was er sagt und wie er denkt, sein positives Denken und seine positive Ausstrahlung, und wir schaffen das, und ich mache das, und das macht er dann auch.*

Kurt Tepperwein: Und Sie machen das nicht?

Teilnehmerin: *Teils, teils, also ich schaffe nicht alles. Also, ich habe bis jetzt noch nicht alles geschafft. Was er sich vorgenommen hat, das packt er. Und wenn mein Verstand dann irgendwo sagt, ich schaffe das nicht, dann sagt er, komm, wir packen das zusammen. Die positive Ausstrahlung, das ist schön.*

Kurt Tepperwein: Gibt es noch etwas, was Ihnen an Ihrem Partner gefällt?

Teilnehmerin: *Mit gefällt eigentlich dieses tägliche Leben, der Austausch, der geistige und der physische. Dieses zu Hause sein beim anderen, sich wohl fühlen. Einfach wissen, man kommt heim, man ist geborgen, da ist jemand, der einen versteht, der sich um einen bemüht.*

Kurt Tepperwein: Ja, das ist ein beliebter Ausspruch der Damen: „Du verstehst mich nicht!" Sie haben das Gefühl verstanden zu werden? Das ist schön. Aber sehr oft haben wir das Gefühl nicht verstanden zu werden. Und da müssten wir uns einmal überlegen, ob das vielleicht daran liegt, dass wir uns selber nicht verstehen. Dass wir hoffen, dass wenigstens der Andere uns versteht. Aber der hat natürlich dann auch keine Chance, wenn wir uns selber nicht verstehen.

Teilnehmerin: *Ich denke das ist eins, und das andere ist, dass man wirklich die Welt und Situationen völlig anders sieht als eineFrau. Ich lerne da ganz viel von diesem einfach geradlinig, und manchmal auch rechtwinklig sein. Vorher war ich vielschichtig und gründlich, wo ich dachte, da muss was schwierig sein.*

Kurt Tepperwein: Also, er hat ein einfacheres Weltbild? Ein klareres, gradlinigeres Bild. Sie denken mehr rechtwinklig, wie Sie gesagt haben?

Teilnehmerin: *Ich denke mehr verschlungen, er denkt rechtwinkliger. Und das ist einfacher und klarer.*

Kurt Tepperwein: Also, vielleicht könnten wir festhalten: Mann und Frau haben ganz unterschiedliche Ansichten. Und nicht nur Mann und Frau, sondern jeder Mensch ist einmalig. Keiner hat die Erfahrung, die Prägung, die Verhaltensmuster, die Erkenntnisse des anderen. Und alleine aus diesen vielen Filtern sieht er ja die Wirklichkeit ganz anders.

Jeder Mensch erlebt also die gleiche Situation unterschiedlich. Aber halten wir auch fest: Die Wirklichkeit ist tatsächlich ganz einfach. Leben, Schöpfung, Kosmos, ist ganz einfach, ist eins. Das ist so einfach, so genial einfach, dass das dem Verstand zu einfach ist. Aber in Wirklichkeit ist das so einfach.

Zum Beispiel: Jeder ist der Schöpfer seines Lebens, und er schafft alles, was ihm widerfährt, selbst. Es ist sonst keiner da. Es gibt keine Schicksalsverteilungsstelle, die sagt: ‚Du kriegst sechs Richtige im Lotto', ‚Du brichst dir ein Bein' und ‚Du kriegst eine böse Schwiegermutter', sondern das sind wir. Das heißt also jeder, ob er will oder nicht, erschafft sich sein Leben selbst, mit allen Einzelheiten.

Nicht über den Verstand, nicht dass er sich ausdenkt: ‚Ich hatte lange keine Krankheit, ich könnte mir mal ein Bein brechen' oder so etwas. Nein, durch sein so sein zieht er nach dem Gesetz der Resonanz die Umstände an, die zu diesem so sein passen. Und wenn er geradlinig denkt, dann zieht er geradlinige Ereignisse an, ein einfacheres Leben. Und wenn Sie verschlungener denken, dann ist die Wirklichkeit auch tatsächlich verschlungener, dann erlebt man diese verschlungene Wirklichkeit, denn Sie sind ein Schöpfer. Sie erleben das, was in Ihnen ist, was Sie schaffen.

Wenn ich das aber weiß, dann erkenne ich, ich habe in jedem Augenblick die Wahl. Ich kann mich entscheiden, will ich dieses verschlungene Weltbild, dieses kompliziertere, beibehalten oder gehe ich auch in die Einfachheit, in die Geradlinigkeit? Schaffe ich mir ein anderes Weltbild, ein anderes, einfacheres, geklärteres, gerichtetes Bewusstsein, und ziehe damit die geradlinigen Dinge an, und mein Leben wird einfacher. Wir haben in jedem Augenblick die Wahl.

Und ich glaube, Sie sind auch hier, weil Sie sich daran erinnern wollen, dass Sie wählen können. Dass Sie nicht nur die Partnerschaft wählen können, sondern dass Sie alle Lebensumstände selbst wählen können, in jedem Augenblick. Und wenn Sie sich verwählt haben, wenn Ihnen irgend etwas nicht gefällt, können Sie wieder neu wählen. Und wenn Sie nicht wählen, haben Sie auch gewählt. Dann überlassen Sie es dem freien Spiel der Kräfte. Dann hat ein Schöpfer darauf verzichtet seine Schöpferkraft einzusetzen. Dann geschieht das, was sonst geschaffen ist.

Nada: Ich glaube einfach, dass der Partner uns ein Spiegel ist, ein Spiegel für das, was uns fehlt. Dass wir einfach in dem Leben lernen müssen, mehr als zum Beispiel nur Frau oder Mann zu sein. Dass es jetzt die Zeit ist, wo wir den inneren Mann und die innere Frau anschauen, und auch in uns integrieren. Und dass uns der Partner genau die fehlenden Dinge spiegelt und uns damit konfrontiert, die wir eben noch nicht entwickelt haben, und die wir teilweise als schlecht bewerten. Das sind dann die Dinge, die uns stören, oder wo wir das Gefühl haben: ‚Ja, da liegt meine Aufgabe, das möchte ich auch gerne sein.‘ Das sind dann die Dinge, die mir gefallen.

Und da ist, glaube ich, oft die Schwierigkeit, sich, seine Identifikation, aus der Rolle Mann und Frau zu entlassen. Sich darauf einzulassen, auf die andere Art zu Leben, auf die andere Art zu sein. Und das eben nicht als Konfrontation zu erleben, sondern als Bereicherung, als Chance, auch das in mir zu entdecken und lebendig werden zu lassen.

Also, diese Erweiterung, dieses Integrieren der Andersartigkeit des Partners. Und ich glaube einfach, das Leben zwingt uns, mehr oder weniger, zu Partnerschaften, weil wir in einer Partnerschaft natürlich sehr viel leichter, wenn auch nicht mit weniger Schwierigkeiten, das lernen. Wenn wir alleine sind, dann sind wir nur mit uns selbst konfrontiert, wir lassen einen nicht so nah heran.

In der Partnerschaft geht uns der andere unter die Haut, er zwingt mich, mich mit den Dingen auseinander zu setzen. Ich mache mich verletzlich, er berührt mich an Dingen, auch an alten Wunden, die in mir sind, denen ich eben, wenn ich alleine bin, aus dem Weg gehe.

Deswegen, auf die Frage warum wir zusammen sind, würde ich sagen, weil es das Leben so möchte. Weil wir über den Partner am meisten lernen können. Und wenn dann noch Kinder dazu kommen, die uns in alten Strukturen erschüttern, dann wird auch die Partnerschaft anders. Dann kommen auch Seiten bei Mann und Frau raus, die in der Zweierpartnerschaft bisher noch nicht sichtbar waren. Und wenn ich mir näher komme, und der Partner noch nachhinkt, dann muss man auch immer wieder überprüfen, wie weit stimmt die Partnerschaft noch, wie weit ist es jetzt für mich richtig, oder wie weit ändern sich vielleicht auch die Rollen.

Vielleicht sind wir nicht immer als Mann und Frau gedacht, als die Polarität. Sondern vielleicht wird mal die Zeit der Freundschaft daraus, vielleicht wird mal die Zeit Mutter/Kind oder Vater/Kind daraus. Sich da langsam von diesen starren Strukturen und Rollen von Mann und Frau zu lösen, sehe ich als ganz wichtige Aufgabe und Chance in der Partnerschaft.

Und wir wollen nachher noch eine Übung machen, meine innere Frau und meinen inneren Mann zu entdecken. Und wir werden oft entdecken, dass wir unsere Aspekte im Außen suchen. Dass wir hoffen im Außen, über den Partner, die Erfüllung zu finden, die wir uns selbst nicht geben, die wir in uns selbst suchen.

Und wenn der Partner mir sie dann nicht gibt, mir eigentlich nicht geben kann, weil es die Aufgabe ist, die Dinge in mir zu finden, dann werde ich aggressiv, dann stört es mich, dann bin ich unzufrieden. Aber wenn ich den Partner als das erkenne, was er ist, nämlich mich an mich zu erinnern, mich an die Seiten zu erinnern, die ich in mir entdecken kann, die ich in mir lebendig werden lassen kann, dann kann ich den Partner auch so lassen und so sehen, wie er ist. Dann erkenne ich oft auch erst, wie der Partner eigentlich ist. Dann höre ich auf, meine Projektion auf ihn zu werfen, und ihn in meinem Bild halten zu wollen. Und dann kann ich langsam anfangen zu erleben, weshalb sind wir eigentlich zusammen, was ist denn eigentlich das Geschenk?

Kurt Tepperwein: Bevor wir aber die Partnerschaft als Geschenk entdecken können, sollten wir den Mut haben, auch einmal hinzuschauen, was stört mich an meinem Partner, falls Sie an Ihrem Partner etwas stört.

Teilnehmerin: *Das stört mich, das will ich nicht haben. Und dann ziehe ich mich zurück und dann merke ich jeden Tag, gedanklich beschäftige ich mich wieder. Und da schwankt sie die ganze Zeit hin und her.*

Kurt Tepperwein: Ja, hier ist eigentlich ziemlich klar der Mechanismus, der in anderen Partnerschaften vielleicht nicht so klar in Erscheinung tritt: ‚Mich zieht der Mensch als Partner an, aber seine Begrenzung, seine Muster, seine Strukturen, die sind mir zu eng, erscheinen mir nicht richtig, damit komme ich nicht zurecht.' Und deswegen müssen wir unterscheiden zwischen dem Partner und seinen Prägungen, denn die sind änderbar. Der Partner aber ist so, wie er ist. Wenn der stimmt, dann könnten Sie miteinander daran gehen, es ist vielleicht ein langer Weg, diese Strukturen aufzulösen, die sehr tief sitzen, weil sie in der Kindheit eingeprägt wurden. Aber solche Strukturen haben wir alle, und auch unterschiedliche, und die kollidieren mehr oder weniger miteinander. Vielleicht nicht immer so heftig wie bei Ihnen, wo zwei Welten aufeinander prallen, aber eben doch.

Ich habe gerade etwas in einer Fachzeitschrift gelesen. Da ist so ein Comicstar, und da kommt das so sehr schön raus. Im ersten Bild sagt sie: ‚So, so, du hast dich also in deine Lehrerin verliebt. Was? Da kann ich nur lachen! Hörst du? Haha! Du bist ein Trottel und ich hasse dich!' Nächstes Bild, sie stehen sich gegenüber und dann, schmatz, gibt sie ihm einen Kuss und ruft: ‚Blödmann', schluchzt, weint und rennt weg, und er steht da und sagt: ‚Neulich habe ich in der Zeitung gelesen, wie das Getriebe eines Ford Lotus funktioniert, und auch kein Wort verstanden.'

Für die Frau ist das, was hier geschehen ist, natürlich so selbstverständlich, dass man das überhaupt nicht erklären braucht. Das ist ja ganz klar. Und ein Mann steht normalerweise vor diesen scheinbaren Ausschlägen ins Gegenteil. Da wird man beschimpft, da wird man geküsst, da heult sie und rennt weg, was ist denn nur? Er möchte am liebsten sagen: ‚Entscheide dich jetzt für eins von beiden, damit ich wieder klar sehe.' Aber für sie ist das ganze natürlich ein Ausdruck des ganzen Erlebens. Und wenn die beiden nicht miteinander sprechen, dann hat er eben das Gefühl gerade die Betriebsanleitung des Ford-Lotus-Getriebes gelesen zu haben, und auch nichts verstanden zu haben. Er steht dem also hilflos gegenüber.

Und so stehen sich Mann und Frau eben sehr oft in der Partnerschaft gegenüber und begreifen das nicht. Er kommt jetzt mit Argumenten, mit Logik, mit Geradlinigkeit und sagt. ‚Komm, ich habe doch so und so ...', und sie sagt: ‚Ach, komm du mir doch nicht schon wieder mit deinen Tatsachen.' Sie interessiert sich für ihre Gefühle. Ihre Gefühle sind verletzt, und er kommt mit Tatsachen, und dann begegnen die sich nicht, auch nicht in der Kommunikation. Sie erreichen sich überhaupt nicht, sie sprechen verschiedene Sprachen. Oder wie hier, wo eben zwei Welten, zwei unterschiedliche Prägungen, Freiheit auf der einen Seite und Begrenzung auf der anderen Seite, aufeinander prallen. Die Personen ziehen sich an, aber die Strukturen passen nicht zueinander. Sie müssen also geändert werden, sonst geht es nicht. Das muss man wissen. Also, entweder sind die Strukturen zu ändern, und eine gemeinsame Struktur ist zu finden. Das heißt, kann sie sich aus ihrer Welt lösen und kann die eine Seite in sich loslassen und die freiere Seite mehr leben, dann kann es gehen. Sonst geht es eben nicht.

Teilnehmer: *Dann sagt sie aber, man solle den anderen so akzeptieren wie er ist. Und so bin ich!*

Kurt Tepperwein: Das ist sie aber nicht. Das muss man ihr sagen und in der Kommunikation heraus bringen: ‚Das bist du nicht, das sind deine Prägungen, die du bekommen hast. Aber sind die richtig? Stimmen die? Gehören die überhaupt zu dir? Die hast du von deiner Welt bekommen und du hast diese Welt gewählt.' Vielleicht bekommt man diese Strukturen nur, um sich für die Freiheit zu entscheiden. Um die Begrenzung so eng zu machen, dass ich sage: ‚Ich will nicht in so engen Grenzen leben', und beseitige diese Grenzen. Vielleicht habe ich mir deswegen diese Strukturen ausgesucht. Und das kann man miteinander herausfinden.

Teilnehmer: *Da habe ich noch eine Frage. Ich liebe diese Frau wirklich, aber lohnt sich das?*

Kurt Tepperwein: Ich liebe diese Frau wirklich, aber lohnt sich das – das geht so natürlich in einem Atemzug nicht.

Nada: Ich glaube einfach, da ist jetzt ein Fall, der so deutlich zeigt, was ich vorhin gesagt habe. Dass die Liebe zu einem anderen uns mehr oder weniger dazu zwingt, uns mit Dingen auseinander zu setzen, die uns nicht gefallen. Und wenn ich den Partner als Spiegel, als Auslöser sehe und ihn nicht unbedingt verändern möchte, vielleicht mit ihm über die Dinge sprechen kann, über Prägungen, die der andere auflösen will, aber eher bei mir hinschaue, wo sind denn bei mir noch diese harten Strukturen? Wo sind denn bei mir noch die Dinge, die mir an mir nicht gefallen?

Und einfach die Liebe als die Verbindung nehmen und die Auseinandersetzung als Chance, bei mir Dinge zu bereinigen und zu lösen, dann stellt sich die Frage gar nicht. Dann kann ich erkennen, die Liebe ist da, und ich entscheide, wie weit und wie tief ich mich darauf einlasse. Und wenn mein Ego zu sehr rebelliert und sagt, es stört mich aber zu sehr, dann kann es sein, dass ich versuche mich zurück zu ziehen.

Aber die Liebe wird immer siegen. Weil es eine Möglichkeit des Lebens ist, mich eben mehr oder weniger damit zu zwingen, mich damit auseinander zu setzen. Und wenn ich bei all diesen Störungen mich immer wieder auf die Liebe besinne, dann zeigt sie mir auch den Weg, mit diesen Störungen zurecht zu kommen.

Und was für mich einfach so wichtig ist, dass der andere

mir immer nur etwas über mich sagt, dass der andere nie Schuld hat, dass der andere so sein kann, wie er ist. Und wenn mich etwas stört, dann nur, weil in mir etwas ist, was ich ablehne, was mich an mir stört. Und da jetzt mal genau hinschauen: Was stört mich an meinem Partner und was sagt das über mich aus? Wo spiegelt er mir etwas, wo ich bei mir noch nicht zufrieden bin? Wo will ich den Partner anders haben? Wo will ich mich eigentlich anders haben? Sich diese Fragen zu stellen, und eben nicht meine Aggressionen auf meinen Partner zu richten, sondern zu erkennen: Er sagt mir nur etwas über mich. Und wenn ich das bei mir löse, dann habe ich auf einmal gar keine Schwierigkeiten mehr mit dem Du. Dann zeigt er mir irgendwann natürlich wieder etwas anderes, was ich in mir lösen kann. Und da ist für mich einfach der Mechanismus so klar. Das Leben möchte Euch zusammen haben und das Ego rebelliert, weil eben in einer Partnerschaft nicht nur die schönen Seiten gezeigt werden, sondern eben auch die Dinge, die ich in mir noch bereinigen kann. Wo ich Dinge in mir noch integrieren kann, die ich bisher raus gestoßen habe.

Teilnehmer: *Die Frage ist natürlich, Sie haben gefragt, was ist für Sie Liebe? Woher weiß ich denn, dass ich sie liebe und nicht nur von ihrem Aussehen fasziniert bin, oder sonst was.*

Nada: Ich glaube einfach, solange mich etwas beschäftigt, solange mich etwas bewegt, hat es mit mir zu tun. Und wenn ich es mir mehr oder weniger aus den Gedanken reißen muss, oder aus dem Herzen reißen muss, dann ist es, als würde ich einen Teil von mir rausreißen wollen, einen Teil des Lebens einfach wegschieben wollen. So lange mich etwas bewegt, möchte es etwas von mir. Und es ist meine Aufgabe, mich darauf einzulassen.

Und gerade mit den Störungen, gerade die sind ja das Geschenk. Dahinter zu schauen, was stört da, es weg zu nehmen und ein Stück mehr Freiheit zu finden. Es ist ja immer nur eine Grenze, an die ich stoße, wenn mich etwas stört. Und vielleicht sind gerade die Begrenzungen und die Unfreiheiten der Partnerin zum Hinschauen, wo ich selbst meine Grenzen habe, wo ich selbst unfrei und unflexibel bin. Wo ich Teile des Lebens noch nicht zulasse.

Aber die Tendenz des Mannes ist natürlich drüber nachzudenken, es logisch zu finden, lohnt es sich. Und die Frau denkt eher, wie weit es ihr Gefühl betrifft. Und es sind einfach oft die zwei Ebenen, wo sich Mann und Frau begegnen und wo wir eben voneinander lernen können. Die Frau kann auch lernen, mit diesem Denken, mit dieser Logik, mit dieser Geradlinigkeit, also die männlichen Aspekte in sich zu finden.

Und der Mann kann auch diese Verschlungenheit, diese Gefühle, die eben nicht die Logik haben, lernen. Gefühle sind eben nicht logisch. Und neben diesen beiden Ebenen die Ebene des Herzens zu finden. Da ist auf einmal Gefühl und Klarheit.

Und dadurch, dass wir uns miteinander erinnern, an diese verschiedenen Ebenen, und auch wahrscheinlich immer wieder kollidieren, eben weil es uns teilweise wesensfremd ist, dann irgendwann gemeinsam die Ebene der Liebe finden. Und die Auseinandersetzung eben nicht in ein Gegeneinander ausarten lassen, sondern erkennen, es möchte uns etwas geben.

Und ich sehe einfach, dass viele Partnerschaften, die zueinander gehören, die Projektionen so auf den anderen rauslassen und auf den anderen losgehen, dass dadurch die Partnerschaft kaputt geht. Und dass viele sagen, das und das ist der Grund, warum die Partnerschaft nicht mehr geht, anstatt es in die Mitte zu nehmen und es zusammen zu lösen. Gibt es dazu irgendwelche konkreten Fragen?

Teilnehmerin: *Also, das heißt, wenn mich an meinem Partner etwas stört, ist es gleichzeitig ein Spiegelbild an mich?*

Nada: Richtig.

Teilnehmerin: *Also, dann bin ich die jenige, die ...*

Nada: Es spiegelt mir nur etwas, was mich an mir stört.

Teilnehmerin: *Das gleiche dann?*

Nada: Das gleiche oder das fehlende. Es hat auf jeden Fall damit zu tun. Aber oft stört es mich, weil es mir auch fehlt, weil es die Aufgabe ist, es zu integrieren. Und es stört mich, weil ich es nicht habe, und weil er verdammt noch mal so sein soll, wie ich. Ich möchte mich da also nicht verändern. Ich stoße an meine Grenzen. Und das stört mich, dass er mich damit konfrontiert.

Teilnehmer: *Vielleicht ein Beispiel dazu. Ich bin zum Beispiel in vielen Sachen sehr locker, kann Dinge einfach hinnehmen und sagen, das ist so und das ist in Ordnung. Das ist auch so bei den Kindern, dass die etwas tun und ich kann das so akzeptieren. Und oftmals stört meine Frau das eben. Sie meint*

dann, ich müsste mehr durchgreifen oder … Bei vielen Sachen
sage ich einfach, die sind halt so. Das ist mir zum Beispiel egal,
was andere Leute über mich reden.

Nada: Sie hat vorhin genau das gesagt, dass ihr das gefällt. Und das ist ganz häufig so. Es gefällt ihr, weil es bei
ihr einfach anliegt, auch in diese Gelassenheit, in dieses
nicht alles so ernst nehmen, nicht alles perfekt machen zu
wollen, hinein zu kommen. Es gefällt ihr und gleichzeitig
stört sie es, weil sie es eben nicht hat, und weil du es ihr
spiegelst, das es geht. Und es erinnert sie, Mensch, ich
könnte das eigentlich auch, und ich bin es noch nicht,
und ich ärgere mich eigentlich über mich selbst, dass ich
es nicht einfach genau so gelassen nehmen kann. Dass
ich mich damit auseinandersetzen und mich daran reibe.
Einerseits gefällt es mir, weil ich weiß, ich bin es auch, und
es ist die Zeit, dass ich es auch lerne. Und dann stört es
mich wieder, weil ich es eben noch nicht bin.

Teilnehmer: *Aber wir kommen ans Ziel.*

Nada: Mit Sicherheit.

Kurt Tepperwein: Nehmen wir das als Schlusssatz: Wir
kommen nicht ans Ziel, wir sind am Ziel. Wir waren von
Anfang an vollkommenes Bewusstsein, vollkommener
geht nicht. Wir sind, wie es in der Bibel heißt, nach dem
Ebenbild Gottes geschaffen. Wir sind ein Teil des einen
Bewusstseins. Wir sind vollkommen. Wir sind dabei, uns
wieder daran zu erinnern. Wir haben es vergessen, mit
Absicht, und sind in das Spiel des Lebens gegangen, um
es Schritt für Schritt wieder zu erleben, wie vollkommen
wir sind.

Also, wir kommen nicht ans Ziel, wir sind die ganze Zeit da. Der Suchende ist der Gesuchte. Das, was ich suche, Gott, bin ich. Da muss man aufpassen mit der Behauptung. Im 13. Jahrhundert hat das der größte Kirchenlehrer, Meister Eckhart, auch gesagt. Wenn er nicht rechtzeitig gestorben wäre, hätten sie ihn dafür noch verbrannt. Heute wird man dafür nicht mehr verbrannt, heute wird man nur ausgelacht. Das ist nicht so schlimm. Aber, das ist die Wirklichkeit. Wenn ich das weiß, dann sieht mein ganzes Leben anders aus. Dann bin ich in jedem Augenblick am Ziel, dann gibt es kein vorwärts mehr. Dann muss ich nicht an mir arbeiten, um irgendwo hin zu kommen, um besser zu werden. Ich bin die ganze Zeit am Ziel!

Und das Leben ist dazu da, mich daran zu erinnern, Schritt für Schritt, Stück für Stück, einen Aspekt nach dem anderen. Der Partner zeigt es mir, die Lebensumstände zeigen es mir, ich erinnere mich Stück für Stück an meine Vollkommenheit und nehme die wieder ins Bewusstsein, bis ich mich wieder ganz an mich erinnere. Dann bin ich erleuchtet.

Wir waren dabei hinzuschauen, was stört mich an meinen Partner. Und ich möchte Ihnen in diesem Seminar vor allem nonverbal die Anregung geben, den Mut zu fassen, alle Dinge, Ihr Leben, die Umstände, unbefangen anzuschauen. Deswegen habe ich so unorthodox gefragt, dass Sie nicht in der vertrauten Ordnung vorgehen, sondern dass Sie wirklich einmal wie ein Kind, ganz unbefangen hinschauen, als kämen Sie vom anderen Stern, und würden alles in Frage stellen, um allem noch einmal die jetzt gültige Ordnung zu geben, den jetzt gültigen Platz zu finden.

Und vielleicht gehört auch Mut dazu einmal hinzuschauen, selbst wenn der Partner dabei ist, festzustellen was stört mich eigentlich an ihm. Darf mich überhaupt etwas stören? Und den Mut zu haben und hinzuschauen, und wenn was da ist, dann ist es auch da. Also, was stört mich am anderen? Und wenn Sie finden, dass Sie nichts stört, dann würde ich glauben, haben Sie nicht richtig hingeschaut. Denn das gibt es wohl nicht, dass jemand sein Spiegelbild gefunden hat und es stört ihn nichts am anderen. Also trauen Sie sich einmal hinzuschauen und herauszufinden, was Sie noch am anderen stört. Und haben Sie den Mut, es zu sagen, laut zu sagen, vor anderen zu sagen und dazu zu stehen, das stört mich am anderen.

Teilnehmerin: *Mich stört zum Beispiel, dass mein Mann meinen Kinder gesagt hat, dass sie ruhig Dieter zu ihm sagen können, und die Kinder kommen und rufen: ,Dieter, kommst du jetzt?' Dann sage ich: ,Das ist dein Papi, und du sollst Papi rufen.' Es stört mich, dass die Kinder ihn beim Vornamen nennen. Ich finde, da ist der Bezug nicht mehr da zum Vater. Für später finde ich das akzeptabel, wenn die Kinder ein bisschen älter sind, dass der Vater dann auch der Freund ist. Aber jetzt, wo sie noch so klein sind, würde ich es lieber hören, wenn sie Papi sagen würden.*

Kurt Tepperwein: Da könnte man gleich wieder hinschauen, was spiegelt mir das? Das spiegelt mir meine Grenzen. Ich habe ganz klare, man könnte auch sagen enge, Vorstellungen, wie Dinge zu sein haben. Später ist Dieter in Ordnung, aber jetzt Papi, aus. Und in Wirklichkeit, wenn wir hinschauen wie die Wirklichkeit ist, da ist ein Vater mit einem Kind, die offensichtlich andere Vorstellungen haben. Die in eine andere Beziehung gehen und die scheinbar damit zurecht kommen. Das Kind hat keine Probleme Dieter zu sagen, der Vater hat kein Problem mit Dieter gerufen zu werden. Das ist nicht zwangsläufig Autoritätsverlust, da muss nicht das Bild des Vaters verloren gehen. Die leben das vielleicht viel flexibler, und spielerischer und problemloser miteinander.

Nada: Und wenn das ein Spiegel ist, dann sollte man sich vielleicht auch fragen, wie war das mit deinem Vater? Musstest du ihn Vati rufen? Hättest du ihn vielleicht lieber anders gerufen? Oder hat dir die Vaterbeziehung gefehlt? Und da einfach sehen, es ist etwas, was mit fehlt und deswegen möchte ich gerne, dass die anderen es wenigstens leben. Und wenn ich das für mich erkenne und auch lösen kann, dann kann ich hinschauen, ob es bei den beiden so stimmt, so wie sie es leben. Wenn ich meine eigenen Defizite rausnehme.

Kurt Tepperwein: Und dann sehe ich plötzlich, dass es zwischen den beiden eigentlich stimmt. Bei mir hat es nicht gestimmt, weil meine Beziehung hat die Vorstellung geprägt, und dieser Vorstellung entsprach das nicht, also kollidierte das dauernd. Es hat nichts mit der Wirklichkeit zu tun, es konfrontiert mich mit meiner Vorstellung und zeigt mir, dass da noch etwas aufzuarbeiten ist. Mein Verhältnis zu meinem Vater. Und sobald ich das aufgearbeitet habe, d. h. in Harmonie gebracht habe, ihm sein so sein verziehen und losgelassen habe, die Vergangenheit einfach geklärt habe und losgelassen habe, auf einmal stört mich das dann nicht mehr, dass die das so leben, weil es nicht mehr mit einer Vorstellung in mir kollidiert.

Und dann habe ich wieder einen Schritt tun können durch den Lehrer Partner, wobei auch das Kind ein guter Lehrer und ein guter Partner ist. Aber dazu brauche ich eben erst einmal den Mut hinzuschauen. Denn hätte ich den Mut nicht gehabt, mir zu gestatten, mir bewusst zu machen, dass mich da was stört, hätte ich diesen Schritt nicht tun können. Ich brauche also erst einmal den Mut festzustellen, was mich an meinem Partner stört.

Und das ist auch ein wichtiger Punkt in diesem Seminar, überhaupt zu sich zu stehen, zu seiner Meinung, und diese Meinung öffentlich zu vertreten. Noch dazu, wo der andere da ist! Wenn der nicht da wäre, dann könnte ich vielleicht noch leichter sagen, was mich stört. Nein, dass ich den Mut habe, wo der andere dabei ist, und zu sagen, so ist es, das ist meine Meinung. Also, wer steht noch einmal zu sich und sagt, was ihn an seinem Partner stört.

Teilnehmerin: *Mich störte, dass mein Partner zwar sehr gut reden konnte, aber gar nicht zuhören konnte. Es war also kein Gespräch möglich.*

Nada: Bleiben wir gerade mal bei dem Zuhören. Wenn du dich beobachtest, kannst du gut oder weniger gut zuhören?

Teilnehmerin: *Ich bekomme viel von Kollegen oder anderen erzählt, nur weil sie jemanden zu zuhören brauchen.*

Nada: Ganz genau. Und ich glaube eben, du kannst zu gut zuhören, ohne dich zu äußern. Und dein Partner hat dir einfach das Gegenteil gezeigt, er hört eben nicht zu. Weil, oft lebt der Partner das, was ich mich einfach nicht traue. Er hat eben mal so schön gesagt, wenn mein Freund mir immer alles ablädt, du bist kein Freund, du bist ein Mülleimer. Also, es stimmt nicht, wenn ich nur zuhöre. Ich muss da auch hinspüren, wann ist es Zeit mal was zu sagen.

Kurt Tepperwein: Ja, also Sie können gut zuhören. Das ist eine Stärke, ein Geschenk, eine Fähigkeit, wunderbar. Aber gleichzeitig zeigt der Spiegel mir, wie ist es mit dem Reden? Äußere ich mich auch genug, wo in mir etwas ist, was zu äußern wäre.

Teilnehmerin: *Der Spiegel ist ja schon 20 Jahre her.*

Kurt Tepperwein: Kann sein, dass die Lektion längst vergangen ist, kann sein dass sie noch immer ansteht. Sie kommt hier zur Sprache, also muss ich es noch mal ins Bewusstsein nehmen, äußere ich mich wirklich, wenn in mir etwas ist, was geäußert werden sollte? Oder nicht?

Teilnehmerin: *Was mich eben immer wieder stört, dass ist, wenn mein Partner versucht mich dorthin zu ziehen, wo ich herkomme. Wenn ich also gerade über etwas hinaus gekommen bin, und es gerade besser mache und für mich erkannt habe, da gehe ich jetzt weiter und von seiner Seite kommen die alten Suggestionen. Dann sage ich ihm, er soll mir das nicht sagen, er führt mich damit nicht weiter, und er macht es trotzdem.*

Kurt Tepperwein: Also, mich stört es, wenn mein Partner sich scheinbar zurückzieht.

Teilnehmerin: *Zumindest versucht er es. Schaffen tut er es eh nicht.*

Kurt Tepperwein: Warum stört es Sie, dass er es versucht?

Teilnehmerin: *Weil er bei mir dann den Punkt trifft, wo ich sage, ich bin noch nicht so fest.*

Kurt Tepperwein: Deswegen versucht er das ja und deswegen haben Sie diesen Partner, als Training, damit sie seelische Muskeln entwickeln und stark werden, und sich nicht mehr runterschubsen lassen, sich nicht mehr beirren lassen. Deswegen versucht er es immer wieder. Sie sagen auch, er schafft es eh nicht, aber es irritiert halt. Und genau deswegen geschieht es, bis es mich nicht mehr irritieren kann. Und dann lässt er es irgendwann, weil es keinen Sinn mehr hat.

Nada: Also, das ist mit Sicherheit ein ganz, ganz wichtiger Faktor. Aber gleichzeitig, wie ich dich wahrnehme, bist du jemand, der gerne hilfreich ist. Der eben nicht den anderen in Versuchung bringt und den anderen von Weg wieder abdrängt, sondern eigentlich jemand, der helfen möchte. Und dieses auch mal in Frage zu stellen, oder auch mal zu sehen, ich kann dem anderen auch helfen, indem ich ihn in Versuchung bringe, indem ich ihn prüfe, eben weil er dadurch gezwungen wird stark zu werden. Also, sich auch für diesen Aspekt mal ein wenig zu öffnen, den anderen nicht immer nur so zu helfen, sondern ihm auch zu helfen stark zu werden.

Teilnehmerin: *Stark auf seinem Weg?*

Nada: Ja, indem ich ihn nicht ziehe, in die Richtung, in die er sowieso geht, sondern eben auch mal bereit bin ihn mit dem anderen zu konfrontieren. So wie er es macht.

Teilnehmerin: *Ich habe versucht Leute von dem zu überzeugen, was ich mache, und bin auf ganz massiven Widerstand gestoßen. Und das habe ich mir mittlerweile abgewöhnt. Jetzt sage ich mir, okay, ich biete jemandem das an wie ich denke, und wenn er es annimmt, dann erzähle ich ihm gerne mehr darüber. Wenn er blockt, dann ist es für den anderen vielleicht nicht der richtige Zeitpunkt oder ich bin nicht die richtige Person, von der er es annehmen kann. Dann lasse ich den anderen seinen Weg gehen.*

Nada: Ich glaube, es ist noch nicht ganz klar rüber gekommen, was ich gemeint habe. Deine Tendenz hilfreich zu sein, gut zu sein, lieb zu sein. Den anderen Teil der Dualität, das ist ja auf einer Seite, und das andere spiegelt dir dein Partner. Er will dich mehr oder weniger versuchen, er konfrontiert dich mit den alten Dingen, wo du noch nicht so ganz gefestigt bist. Dieses andere, was scheinbar böse ist, Versuchung hat ein bisschen was mit Teufel zu tun. Das sind Seiten, die ich mich vielleicht nicht traue zu leben, eben weil ich das ja für richtig erkannt habe gut zu sein, und hilfreich zu sein.

Teilnehmerin: *Mich stört an meinem Partner, dass er versucht mich mit seiner Lebensweisheit zu belehren.*

Kurt Tepperwein: Nun, wenn er schon diesen reichen Bauern in sich entdeckt hat, dann möchte er den gerne mit Ihnen teilen. Und warum stört es Sie?

Teilnehmerin: *Ich habe das Gefühl, dass er es zwar gut meint, aber dass es teilweise gar nicht das Richtige für mich ist.*

Kurt Tepperwein: Ja, das muss es ja auch nicht sein. Sie haben wahrscheinlich recht mit Ihrer Vermutung. Nehmen Sie ihn doch einfach als Angebot, als Speisekarte, und suchen sich das aus, was für Sie richtig und brauchbar ist. Nehmen Sie es dankbar an, und den Rest lassen Sie zurück an den Absender gehen. Lassen Sie es einfach im Raum stehen, Sie brauchen es ja nicht zu benutzen. Es wäre also einfach ein viel unkomplizierterer Umgang mit den Dingen möglich. Aber haben Sie vielleicht das Gefühl, dass da ein bisschen Überheblichkeit drin ist, in dem Belehren?

Teilnehmerin: *Ich komme mir oftmals so vor, wie das kleine Mädchen.*

Kurt Tepperwein: Wieder eine gute Erkenntnis: Ich komme mir dabei vor. Vielleicht macht er es genau richtig, aber ich fühle mich in der Rolle nicht wohl, belehrt zu werden. Ich habe Schwierigkeiten anzunehmen. Wie war das denn früher mit den Eltern? Wie ist da die Situation gewesen? Oder mit Lehrern, Chefs? Es gab ja immer welche, die weiter waren und die mich in meinem Leben belehrt haben. Habe ich da Schwierigkeiten gehabt?

Teilnehmerin: *Ja, ich denke schon. Das ging überhaupt nicht gut.*

Kurt Tepperwein: Aha, also, Sie würden lieber belehren.

Teilnehmerin: *Ja, vielleicht sogar das.*

Kurt Tepperwein: Aber, um belehren zu können, muss ich ja erst belehrt werden. Ich muss also erst einmal annehmen. Oder wie Friedrich der Große einmal gesagt hat: ‚Um befehlen zu können muss ich erst einmal gehorchen lernen.' Also, ich muss immer erst beide Aspekte zur Vollkommenheit haben. Wenn ich belehren will, was ja letztlich auch ein Teil unserer Aufgabe ist, Dinge, die wir erkannt haben, mit jemandem zu teilen, dann muss ich erst die Bereitschaft entwickelt haben, mich belehren zu lassen. Und wenn ich das erkenne, dass das mit dazu gehört, und es mir leicht mache, indem ich ihn einfach nur als Angebot sehe, von dem ich ja nicht alles annehmen muss. Es muss mir ja nicht alles gefallen, was mir jemand sagt, nicht nur von ihm, auch von anderen.

Wenn ich einfach das Leben als Speisekarte nehme, als Angebot, und ich wähle aus, jetzt bin ich bereit das anzunehmen und dazu bin ich jetzt nicht bereit, dann ist es plötzlich nur noch ein Geschenk und keine Schwierigkeit mehr. Aber dann hören wir doch einmal die andere Seite, was stört Sie denn?

Teilnehmer: *Also, mich stört ganz gewaltig, dass sie in letzter Zeit immer wieder zu den unmöglichsten Zeiten mit mir über Dinge reden möchte. Am besten mitten in der Nacht, so um zwei, dann weckt sie mich, weil sie was geträumt hat, was mit mir zu tun hat, und dann will sie mit mir darüber diskutieren, aber ich bin dann gar nicht aufnahmebereit.*

Kurt Tepperwein: Also, wir hören, das stört mich gewaltig. Da ist eine ganz enorme Energie drauf. Und da sollte vielleicht in der Kommunikation ein Weg gefunden werden, dass das auf den Morgen verschoben wird, oder dass sie es sich nachts aufschreibt, oder auf Band spricht. Also, dass Sie da Ihren Weg finden, damit umzugehen, weil hier offensichtlich ein etwas einseitiges Interesse, ein Mitteilungsbedürfnis ist, wie Sie sagen, zu unmöglichen Zeiten. Jede Zeit ist möglich, aber wenn sie zwischen Ihnen eben nicht möglich ist, dann sollte man da eine Einigung finden.

Nada: Ja, aber warum wirst du damit konfrontiert?

Teilnehmer: *Das ist jetzt wirklich eine sehr gute Frage, die nicht so einfach zu beantworten ist. Ich weiß es nicht.*

Nada: Ich habe das Gefühl, es ist fast das gleiche, wie bei dir. Diese Achtsamkeit dem anderen gegenüber, stimmt das für den anderen auch, das was ich sage oder die Zeit, die ich wähle. Ich habe das Gefühl, bei Euch stört genau das gleiche, bei dir ist es die Art, und bei dir ist es die Zeit. Und beide könnt ihr das Gleiche lernen, nämlich den anderen mit wahrzunehmen. Also, mich, mein Bedürfnis etwas zu sagen, oder es dann zu sagen, wenn es mir wichtig ist, und wie stimmt es für den anderen. Sich auf einer anderen Ebene zu begegnen, sich darauf ein zu schwingen. Und dann sagt man das Richtige zur richtigen Zeit.

Kurt Tepperwein: Und das ist ein Beispiel für uns alle. Wir sagen dem anderen sehr oft etwas, was uns jetzt bewegt. Und das ist eigentlich eine Rücksichtslosigkeit, etwas zu sagen, weil es mich bewegt. Ich sage dem anderen also etwas, und der muss sich für das interessieren, was mich bewegt. Muss er aber nicht. Also, ich meine gar nicht den anderen, wenn ich ihm was sage, sondern ich will was loswerden. Ich brauche jetzt einen Spiegel, einen Gegenüber, ein Echo, einen, der mir zuhört. Ich habe ein Bedürfnis, und das eventuell sogar in der Nacht, und der andere hat genau dann, wenn mir das in den Sinn kommt, Zeit und Lust zu haben, aufgeschlossen zu sein, sollte sich mir liebevoll zuwenden. Und das ist natürlich recht einseitig.

Und umgekehrt habe ich eine Erkenntnis, die jetzt gerade auf diese Situation passt, und die will ich dem anderen jetzt gleich aufs Auge drücken, weil das jetzt so schön passt. Das charakterisiert genau das, was ich ja schon immer meine. Und wieder achte ich nicht darauf, ob der andere das hören will, ob er bereit ist aufzunehmen, ob es jetzt hilfreich ist, ob das der richtige Zeitpunkt ist. Sondern ich merke nur, das ist jetzt die richtige Antwort, die richtige Erkenntnis, die passt zur Situation, jetzt sage ich die auch.

Wenn wir reden, haben wir zu oft den anderen gar nicht vor Augen, sondern wir führen eigentlich Selbstgespräche. Wir brauchen nur jemanden, der sich das anhört, was wir sagen wollen. Und die wichtige Erkenntnis, die wir daraus ziehen können, ist nur etwas zu sagen, wenn das, was ich sage, für den anderen ein Geschenk ist. Und sonst sage ich es nicht. Ein scheinbar strenger Maßstab, eigentlich aber ganz selbstverständlich. Wenn ich dem anderen etwas sage, dann sollte das, was ich ihm sage, für ihn ein Geschenk sein. Und wenn es das nicht ist, dann sollte ich es bleiben lassen.

Also, wenn Ihnen wieder mal eine Weisheit einfällt, dann sollten Sie prüfen, ob das für Ihre Frau jetzt wirklich ein Geschenk ist. Und umgekehrt, wenn Ihnen nachts um zwei wieder ein Traum einfällt, dann sollten Sie überlegen, ob er jetzt begeistert ist, wenn Sie ihn wecken. Und letztlich können wir das soweit kultivieren, dass wir nur noch Wortgeschenke machen, d. h. dem anderen nur noch etwas sagen, wenn es wirklich für ihn ein Geschenk ist. Und das Geschenk haben Sie uns jetzt wieder gemacht, dass wir zu dieser Erkenntnis kommen. Denn wir alle machen diesen Fehler, dass wir dann etwas sagen, wenn es uns bewegt. Anstatt zu denken, wenn ich dem anderen etwas sage, dann muss es für ihn wichtig sein. Sokrates hatte das schon vor 2.500 Jahren gefragt, als jemand anderes meinte, er müsse ihm unbedingt etwas sagen. Da hat Sokrates zuerst gefragt: ‚Moment, ist das jetzt für mich wichtig?' Ja, das hatte der andere nicht bedacht, ob es für ihn wichtig war.

Ist das, was ich dem anderen sage, für den anderen jetzt ein Geschenk? Ja oder nein? Wenn nein, dann nein. Und dann verschwindet das Problem beidseitig. Dann hört das einfach auf. Und es ist wunderschön nur noch Wortgeschenke zu machen.

Und Sie sehen, so können wir aus all diesen Dingen miteinander so einfach lernen. Das Leben ist der beste Lehrmeister. Es unterrichtet uns ständig, schickt uns genau die richtigen Lehrer zur rechten Zeit, denen genau das Richtige in den Sinn kommt. Mein Partner spiegelt mir also ständig etwas wieder, bietet mir eine Chance einen Schritt zu tun. Aber ich muss den Mut haben hinzuschauen und mir bewusst zu machen, was stört mich, und es vor anderen zu äußern. Dazu zu stehen, das stört mich. Hat noch jemand etwas, aus dem wir was lernen können?

Teilnehmerin: *Mich stört sehr, dass sich mein Partner nicht festlegen kann. Ich möchte ihn mehr besitzen, mehr festlegen, ja …*

Kurt Tepperwein: Sie möchten ihn mehr festlegen? Auf was denn? Auf sich oder auf was?

Teilnehmerin: *Auf mich und auf uns. Also, wir leben nicht zusammen, und wenn wir auseinander gehen, dann möchte ich gerne wissen, wann wir uns wieder sehen.*

Kurt Tepperwein: Wunderbar, Sie haben gerade schon verstanden und gelernt. Das ging jetzt unwahrscheinlich schnell. Ich weiß nicht, ob es Ihnen bewusst ist, aber Ihre Seele hat gerade die Lektion schon abgeschlossen.

Nada: Aber die Frage: Gibst du dir die Freiheit, die sich dein Partner nimmt?

Teilnehmerin: *Ich möchte viel festlegen, um mich vermeintlich sicher zu machen. Ich mache oft Dinge so fest, weil ich dann die Illusion von Sicherheit habe.*

Kurt Tepperwein: Ja, sehr schön.

Nada: Warum brauchst du diese Sicherheit?

Teilnehmerin: *Vielleicht habe ich Angst vor dem, was einfach so in Freiheit passieren könnte. Und Angst auch vor mir, dass ich nicht gut mit meiner Freiheit umgehe.*

Nada: Aber du hast die Fähigkeit jetzt.

Teilnehmerin: *Ja ...*

Nada: Aber?

Teilnehmerin: *Es ist noch so frisch.*

Nada: Und dir das jetzt wirklich bewusst zu machen, dass du dir nicht länger den Pflock hältst. Du bist jetzt gerade in diesem Übergang, wo du dich von diesem Pflock, von dieser Sicherheit, entfernen kannst. Und jetzt solltest du für dich auch einfach schauen, dass du nicht länger an dem Pflock hältst, denn sonst verbiegt er sich. Und in der Freiheit, die du jetzt zu leben anfangen kannst, liegt viel für dich drin, was du dir durch den Pflock, durch die festen Termine, durch die Sicherheit, nimmst. Du musst für dich schauen, wie es für dich möglich ist, dich da freier zu lassen. Und jede Störung, wann immer es dich besonders stört, dass du den anderen nicht festlegen kannst, schau nach, ob es nicht vielleicht richtiger ist eben nicht festzulegen, weil für dich auch ein Stück Freiheit drin liegt. Du kannst für dich entscheiden, wo du zu einem bestimmten Zeitpunkt sein möchtest.

Teilnehmerin: *Ich bin gerade dabei, dass ich es als Geschenk entdecken kann. Vorher habe ich es immer nur als Mangel und als Gejammer betrachtet.*

Kurt Tepperwein: Auch die Unsicherheit sollte man noch mal anschauen, denn es ist ja sehr gut erkannt worden, dass es Sicherheit nicht gibt. Sicherheit ist immer eine Illusion. Und diese Illusion der Sicherheit zu durchschauen, um sie dann nicht mehr zu brauchen, denn eine Illusion brauche ich nicht. Sicherheit hätte ich gebraucht, aber da es die ja nicht gibt …

Also, es gibt eine andere Sicherheit, und die liegt nur in mir. Zu wissen, wenn dieser Partner zu mir gehört, dann kann ich ihn nicht verlieren. Und wenn er nicht zu mir gehört, dann kann ich ihn nicht halten. Wenn ich das weiß, dann habe ich die Sicherheit, die ich die ganze Zeit gesucht habe, die ich aber im Außen nie finden kann. Denn er kann es mir schriftlich geben, und notariell, und er kann mir sein Häuschen übereignen, und ich weiß nicht, ob er nicht trotzdem … Das alles ist keine Sicherheit. Diese Sicherheit gibt es nicht. Ich kann die Sicherheit nur in mir finden.

Und die kann ich durch diese Erkenntnis finden: Wenn wir zusammen gehören, so lange wir zusammen gehören, kann uns nichts trennen. Und wenn wir nicht mehr zusammen gehören, dann gibt es keine Sicherheit, dann kann ich ihn nicht halten. Und selbst wenn es mir gelingen würde, ihn zu halten, es würde nicht mehr stimmen. Ich würde es früher oder später nicht mehr wollen können, weil ich merke, es stimmt einfach nicht. Also habe ich diese Sicherheit in mir. Und das ist ein wichtiger Punkt. Wenn ich diese Sicherheit in mir gefunden habe, dann kann ich eine wichtige Voraussetzung schaffen, um von der Partnerschaft zur Liebe zu kommen, nämlich dem anderen in jedem Augenblick die Freiheit zu lassen alles zu tun – ALLES. Er kann zu einer anderen gehen, er kann einfach nur von mir weggehen und alleine sein wollen, er hat die Freiheit bei mir zu bleiben, er hat die Freiheit mich zu verwöhnen … Er hat jede Freiheit!

Sobald ich irgendwo spüre, dass ich Grenzen setze, begrenze ich damit unsere Liebe. Liebe kann Grenzen nicht vertragen. Sie braucht als Grundbedingung absolute Freiheit. Der andere hat in jedem Augenblick das Recht alles zu tun. Also prüfen Sie einmal, wo Sie doch Grenzen setzen! Kommen wir doch mal zu einem interessanten Punkt: Wie ist das mit der Treue?

Teilnehmer: *Diese Sicherheit hat niemand.*

Kurt Tepperwein: Also, im Mittelalter hatten die da so Keuschheitsgürtel, die wurden abgeschlossen, da konnte man auf den Kreuzzug gehen ...

Teilnehmerin: *Also, ich habe eine Partnerschaft hinter mir, in der mein Partner mich endlos betrogen hat. Und im Nachhinein muss ich sagen ...*

Kurt Tepperwein: Endlos kann nicht sein, denn gelegentlich war er auch bei Ihnen.

Teilnehmerin: *Ja, klar. Aber, wenn so etwas passiert, dann stimmt die Partnerschaft nicht. Weil wenn jemand ausbricht von der Treue und der gemeinsamen Liebe, dann hat jeder 50:50 dazu beigetragen.*

Kurt Tepperwein: Na, das sind schon wieder so Kategorien. Das müssen wir uns erstmal anschauen. Aber zunächst einmal wird hier, in unserer Gesellschaft, automatisch unterstellt, dass Treue eine Tugend sei. Ein guter Mensch ist treu. Ist das aber richtig? Wir wollen auch das mal in Frage stellen. Und was ist Treue eigentlich? Ab wann hat einer die Treue gebrochen? Wenn er ein Verhältnis mit einer anderen anfängt, hat er dann die Treue gebrochen? Oder sind es die Gedanken schon? Also, dann, wenn er auch nur denkt, er würde gerne mal mit einer anderen, dann hat er die Treue gebrochen? Ist das so richtig?

Teilnehmerin: *Nein.*

Kurt Tepperwein: Also, wie ist es richtig? Wir müssen hinschauen, dass wir es zu fassen kriegen. Wann und wodurch? Wie wird Treue gebrochen?

Teilnehmerin: *Durch Verlangen.*

Kurt Tepperwein: Und was soll er machen mit dem Verlangen? Unterdrücken? Ein guter Mensch unterdrückt sein Verlangen. Oder wie ein schwedisches Sprichwort sagt: Ein guter Mann hat zu sein wie ein Sicherheitsstreichholz, es entzündet sich nur an der eigenen Schachtel.

Wie sieht also die Treue jetzt aus? Worin besteht sie? Die Frage geht an alle. Worin besteht Treue? Also, jeder hat da andere Vorstellungen. Bei dem einen ist Untreue, wenn er ein festes Verhältnis hat, bei dem anderen schon gelegentlich, und bei strengen reicht schon der Gedanke daran, um die Treue zu brechen.

Teilnehmerin: *Hat Treue überhaupt mit Liebe zu tun?*

Kurt Tepperwein: Die Frage müsse man mal eben stellen.

Teilnehmerin: *Oder haben wir uns das selbst auferlegt, um den Partner zu besitzen?*

Kurt Tepperwein: Hat Treue etwas mit Liebe zu tun? Wenn wir die richtige Frage stellen, dann erkennen wir, Treue hat sehr wohl mit Liebe zu tun, aber nicht so, wie wir uns sie vorstellen. Treu ist nicht, wenn ich gewisse Dinge nur mit meinem Partner tue. Wir könnten uns eine andere

Kultur vorstellen, wo jeder mit jedem schlafen darf, das ist nichts besonders. Nur die Mahlzeiten darf man nur mit seinem Partner einnehmen. Und dann könnte es durchaus sein, dass der Mann nach Hause kommt und sagt: ‚Stell dir vor, ich habe da ein nettes Mädchen kennen gelernt. Wir haben im Hotel ganz nett unsere Pause verbracht und haben miteinander geschlafen ...' Und die Frau sagt: ‚Aber ihr habt doch nicht etwa miteinander gegessen?' Und er sagt: ‚Nein, keinen Bissen!'

Das würde uns albern erscheinen. Und genau so albern ist unsere Vorstellung von Treue. Denn stellen Sie sich vor, da ist Liebe, und Sie lieben Ihren Partner, und plötzlich entflammt sich eine Liebe zu einem anderen. Und jetzt gilt es als treu, wenn ich diese Liebe, die da entflammt, unterdrücke, verleugne, nicht lebe, nicht hingucke. Dann kann ich sagen, ich bin treu gewesen, ich habe der Versuchung widerstanden, ich bin ein guter Mensch.

Nein, in Wirklichkeit habe ich disharmonisch gelebt. Ich habe eine Wirklichkeit unterdrückt, abgewürgt, umgebracht. Wir müssen also erkennen: Liebe und unsere Vorstellung von Treue haben nichts miteinander zu tun, behindern sich gegenseitig. Treu sein sollte jeder Mensch, aber natürlich nur sich selbst. Und wenn überhaupt, dann der Liebe treu sein. Und das würde jeder wieder als stimmig empfinden. Das kollidiert natürlich mit unserer Vorstellung, wie wir es gerne hätten. Wir haben nämlich einen Besitzanspruch an den andern geschaffen. Sobald der vor dem Standesbeamten unterschrieben hat, gehört der gewissermaßen, wenn nicht schon mir, dann zumindest zu mir, und er hat sich so und so zu verhalten. Und wenn er das nicht tut, dann ist er nicht in Ordnung, dann hat er sich gefälligst zu schämen. Dann ist der untreu gewesen.

Was macht aber jetzt ein guter Mensch, der sich das alles wünscht und auch gerne so leben möchte, aber seine Wirklichkeit ist nicht so, es geschieht nun mal anders? Wie geht er mit dieser Wirklichkeit um? Für mich hat einfach Wirklichkeit Vorrang. Wirklichkeit ist das Leben, das was ist. Und Liebe ist etwas Lebendiges. Wenn etwas geschieht, geschieht es. Und dann sollte ich die Freiheit haben dieser Wirklichkeit zu folgen. Und ich sollte den Mut haben, dazu zu stehen. Und ich sollte die Möglichkeit haben, das dem anderen zu sagen, und zwar unaufgefordert zu sagen, denn der andere fragt ja nicht jedes Mal, ob ich auch treu war. Er ahnt ja gar nicht, dass da möglicherweise was ist. Wenn ich also etwas erlebt habe, was unser Miteinander angeht, dass es selbstverständlich ist, dass ich das dem anderen sage. Dass ich das mit ihm teile. Das ist geschehen, so sieht mein Leben aus. Wie gehen wir jetzt miteinander um?

Denn jetzt kommt die interessanteste Entdeckung: Keine Beziehung kollidiert mit irgendeiner anderen. Jede Beziehung ist einmalig. Keine kollidiert, verletzt eine andere. Ich kann also drei Beziehungen haben, oder hundert. Und wir haben ja 100 verschiedene Beziehungen. Wir haben die Beziehung zu unseren Eltern, zu unseren Geschwistern, zu unseren Kegelbrüdern, zu Berufskollegen, zur Frau, zu Kindern. Wir stehen in einem Geflecht von ganz verschiedenen Beziehungen, aber das stört ja nicht, es stört ja nur, wenn ....

Aber das ist unsere Vorstellung. Das heißt also, wir haben eine ganze Reihe von Beziehungen, die gleichzeitig stattfinden und die sich nicht stören. Wenn wir die Wirklichkeit hinter dem Schein erkennen, dann erkennen wir, dass keine Beziehung eine andere stört. Jede ist einmalig und keine hat mit der anderen zu tun. Kann sein, die eine klingt aus, kann sein, eine kommt in den Vordergrund.

Aber eigentlich hat keine mit der anderen etwas zu tun. Wenn wir zu dieser Erkenntnis erwachen können, dann verschwindet etwas anderes: der Grund zur Eifersucht. Plötzlich kann ich dann wirklich nach Hause kommen und sagen, was ich erlebt habe. Und unser Miteinander wird davon nicht beeinträchtigt, im Gegenteil, wir klären jetzt ab, wie wir miteinander damit umgehen. Was bedeutet das für uns, für unser Miteinander? Wie sieht das aus?

Ich denke da zum Beispiel an eine Situation, die vor ca. 15 Jahren in meiner Praxis vorkam. Eine Frau hatte immer wieder heftige Migräne und jetzt plötzlich hatte sie einen Knoten in der Brust. Der Arzt riet die Brust zu amputieren, dringend, am besten in den nächsten zwei Wochen. Und wir haben das hinterfragt, das ist ja eine Botschaft, und haben festgestellt, ganz einfach, nahe liegend, da stört sie etwas in der Partnerschaft. Das habe ich ihr auch gesagt, aber sie meinte ihre Partnerschaft sei in Ordnung. Sie wären schon 22 Jahre verheiratet und würden sich gut verstehen. Aber der Körper der Frau kann nicht lügen, und das sagte ich ihr auch. Wenn da ein Knoten ist, dann ist da ein Knoten. Dann muss also in der Beziehung irgendwo ein Knoten sein. Ja, und dann kamen die Tränen und sie meine: ‚Ja, also, unsere Beziehung war immer in Ordnung, aber ich war jetzt zur Kur, und in dieser Zeit hat mein Mann mit der Nachbarin angebändelt.'

Da habe ich gesagt: ‚Gut, Sie wollen doch gesund werden.' Ja, das wollte sie selbstverständlich, und sie war auch bereit dafür alles zu tun. Ich habe ihr geraten nach Hause zu fahren, und diese Nachbarin zum Kaffee trinken einzuladen. Sie sollte sich mit dieser Frau zusammen setzen und darüber reden, was gewesen ist und klären, wie sie jetzt miteinander umgehen. ‚Was?', sagte die, ‚ich mit der Alten, nie!' Sie hat noch ein paar härtere Worte dazu gesagt, mit denen sie die andere bedacht hat, aber ich habe ihr dann gesagt, dass ich dann der falsche Therapeut für sie sei, und dass ich sie so nicht heilen könnte. Aber ich habe ihr auch gesagt, dass sie so auch kein anderer heilen kann, denn das ist der Knoten in ihrer Brust. Und wenn sie den loswerden wollen, dann müssen sie ihn lösen. Aber dazu war sie nicht bereit und rauschte empört weg.

Eineinhalb Stunden später waren sie wieder da. Und sie sagte mir: ‚Wir sind gar nicht weggefahren, wir haben unten auf dem Parkplatz im Auto gesessen und eine heiße Diskussion gehabt. Und Sie meinen, das hilft?' Ich sagte: ‚Nur das hilft. Sie müssen den Knoten lösen.' Sie hat den Knoten gelöst und der Knoten ist verschwunden. 14 Tage später auf dem Röntgenschirm war der Knoten kleiner geworden und der Arzt meinte, vorläufig müssten sie doch nicht operieren, wir können das mal abwarten. Ein viertel Jahr später war der Knoten ganz verschwunden. Der Arzt meinte, das sei ein Glücksfall und wahrscheinlich hätte er sich in der Diagnose geirrt.

Ich habe allerdings auch den gegenteiligen Effekt erlebt, immer wieder, dass jemand nicht bereit war, den Knoten zu lösen. Ich denke da an einen anderen Fall, von einer Frau, die auch einen Knoten in der Brust hatte. Ich habe es ihr auch gesagt, und wir haben die Probleme hinterfragt' und sie stimmte mir auch zu. Sie hatte erfahren, dass ihr Mann ein Verhältnis mit seiner Sekretärin hatte. Ich habe ihr auch geraten, was zu tun ist, und sie ist gegangen. Ein dreiviertel Jahr später habe ich erfahren, was geschehen ist. Sie hat ihren Mann, der war nicht dabei, ins Gebet genommen, hat ihm ordentlich die Leviten gelesen, woraufhin er sich von der Sekretärin getrennt hat. Und der Knoten verschwand zwar nicht, aber er blieb klein und sie musste regelmäßig zur Beobachtung zum Arzt.

Nach diesem dreiviertel Jahr war der Knoten aber doch gewachsen und musste operiert werden. Was war passiert? Sie hatte erfahren, ihr Mann hatte sich tatsächlich von der Sekretärin getrennt, aber er hat dann eine andere kennen gelernt. Die Aufgabe war nicht gelöst, denn man muss sich ja fragen, warum geht man zu einer anderen? Da stimmt doch etwas nicht, da ist eine Aufgabe nicht angeschaut, nicht gelöst. Da fehlt etwas in der Partnerschaft, da stimmt etwas nicht. Da wäre Kommunikation erforderlich, um zu klären, was ist es denn, was er bei der anderen sucht? Warum findet er es nicht bei mir? Warum können wir das nicht im Miteinander erleben? Und dann wäre der Knoten kommunikativ zu lösen. So sollte man die Dinge angehen.

Nur dazu braucht man eben den Mut hinzuschauen, das anzusprechen, auszusprechen, dazu zu stehen, dass es so ist und miteinander damit umzugehen. Und das ist das, was wir als Fähigkeit hier heute erwerben sollten. Diese Fähigkeit, auch kritische Dinge anzuschauen, auszusprechen, dazu zu stehen und miteinander damit umzugehen. Und dann bleiben keine Schwierigkeiten mehr ungelöst. Dann stellt sich die Frage der Treue so nicht mehr, und dann verschwindet die Eifersucht. Denn beides ist begründet auf Besitzanspruch und auf Angst. Verlustangst, der andere könnte sich von mir abwenden.

Der Eifersüchtige möchte ja, dass er immer im Mittelpunkt des Interesses ist. Manche sind ja schon eifersüchtig, wenn der Partner nur ein zeitintensives Hobby hat, wenn er angeln geht, oder an seinem Motorrad rumbastelt, weil die Aufmerksamkeit, die er seinem Motorrad schenkt, die fehlt ihr. Sie ist zwar nicht auf das Motorrad eifersüchtig, aber es fehlt ihr die Zuwendung. Und wieder müssen wir dahinter schauen: Warum fehlt die Zuwendung? Sie haben es doch sicher auch gerne, wenn Ihr Partner sich mit Ihnen beschäftigt, wenn er sich Ihnen zuwendet und liebevoll zu Ihnen ist. Aber können Sie auch darauf verzichten? Könnten Sie auch alleine glücklich sein? Sind Sie autonom? Oder brauchen Sie diese Zuwendung?

Wenn Sie sie aber brauchen, dann müssen Sie sich natürlich fragen, warum brauche ich das? Und egal wie die Antwort ausfällt, wenn Sie immer weiter fragen, immer das warum dahinter, irgendwann landen Sie bei sich, weil ich mir selbst diese Aufmerksamkeit nicht gebe. Weil ich zu mir nicht liebevoll bin. Weil ich mich nicht so annehme, wie ich bin, möchte ich von anderen angenommen werden, brauche ich die Zuwendung von anderen. Und sobald ich mich in meinem so sein erkenne und annehme, bedingungslos annehme, verschwindet das Bedürfnis von anderen angenommen zu werden, bin ich frei.

Und das ist das Interessante. Erst wenn ich den anderen nicht mehr brauche, hat Liebe eine Chance, denn so lange muss ich ja. Und so lange ich muss, kann Liebe nicht wirklich werden. Ich muss erst einmal in die Freiheit kommen, den anderen, niemand anderen, mehr zu brauchen. Dann habe ich die Voraussetzung geschaffen, damit wirklich Liebe geschehen kann. Gibt es da Schwierigkeiten?

Teilnehmerin: *Kann auch ein Mann, der seine Frau liebt, eine andere Frau sehen, und die kann ihm trotzdem gefallen? Also, er schläft mit seiner eigenen Frau, hat eine sexuelle Beziehung, sieht eine andere Frau, und jede Person hat etwas Schönes in sich, ob es da auch noch trotzdem passieren kann?*

Kurt Tepperwein: Ich stelle Ihnen mal eine Gegenfrage, vielleicht ist es dann leichter zu erklären. Stellen Sie sich vor, Sie haben einen Garten, vielleicht haben Sie einen, und Sie pflanzen da Blumen ein. Und eines Tages sind die aufgegangen und Sie gehen dahin und entdecken eine wunderschöne Blume. Dann gehen Sie weiter und entdecken eine Blume, die Sie noch schöner finden. Denken Sie dann auch: ‚Um Gottes Willen, ich finde ja schon die schön, dann darf ich die doch nicht schön finden!' Das fänden Sie doch albern, oder?

Und bei Menschen denken Sie, Sie dürften nur einen schön finden und andere Schönheiten dürften Sie nicht mehr sehen, warum? Es geht darum, dass wir uns von diesen eingrenzenden Vorstellungen befreien. Das ist kein Freibrief für Leichtfertigkeit, es ist eine Chance zur Wahrhaftigkeit. Und damit ist es eine Chance für die wirkliche Liebe, denn wir wollen ja von der Partnerschaft zur wirklichen Liebe kommen. Und Liebe braucht als Voraussetzung Freiheit – vollkommene Freiheit. Wo immer ich Grenzen setze, begrenze ich die Liebe.

Dann könnten wir mal den Punkt anschauen, was ist das Geschenk meiner Partnerschaft? Also, wir haben hingeschaut, was mir gefällt, was mich stört und jetzt fragen wir, was mir die Partnerschaft bringt.

Teilnehmerin: *Harmonie, Erfahrungen.*

Kurt Tepperwein: Erfahrungen? Welcher Art?

Teilnehmerin: *Eigentlich in jedem Bereich.*

Kurt Tepperwein: Erfahrungen in jedem Bereich, aber das sind so mehrere Dinge. Das Hauptgeschenk bei Ihnen ist, glaube ich, schon die Harmonie, die Sie da suchen und hier finden, und dann in sich verwirklichen können. Wie sieht das bei den anderen Partnerschaften aus?

Teilnehmerin: *Die Ergänzung der Dualität, bis ich so weit bin, dass ich das Duale in mir selber finde.*

Kurt Tepperwein: Also der fehlende Teil. Fehlende Aspekte werden von Partner hinzu gefügt, bis ich sie in mir verwirklicht habe. Ist dass das Geschenk ihrer Partnerschaft? Wie sieht es bei den anderen aus?

Teilnehmerin: *Die Erkenntnis, dass ich für mein Leben selbst verantwortlich sein muss.*

Teilnehmer: *Herausforderung. Ich muss Dinge anschauen und integrieren, mit denen ich sonst nicht konfrontiert worden wäre.*

Teilnehmerin: *Und die Möglichkeit zusammen Kinder zu kriegen.*

Kurt Tepperwein: Was sagen die anderen, was ist das Geschenk Ihrer Partnerschaft?

Teilnehmer: *Erfüllung.*

Kurt Tepperwein: Erfüllung? Sie finden Erfüllung in der Partnerschaft?

Teilnehmer: *Ich strebe sie an.*

Kurt Tepperwein: Sie streben sie an, also es ist nicht das Geschenk Ihrer Partnerschaft, sondern so wäre Ihre Ehe ideal.

Teilnehmerin: *Energie.*

Kurt Tepperwein: Man kriegt Energie? Also, Sie bekommen Energie durch Partnerschaft? Aber Sie haben auch so genug, glaube ich. Immer die schon was haben, die kriegen noch was dazu. Ja, wie sieht es bei den anderen aus? Was ist das Geschenk Ihrer Partnerschaft?

Teilnehmer: *Die Spiegelfunktion des Partners.*

Kurt Tepperwein: Und das ist ein Geschenk für Sie? Das kann auch ein ganz schön strapaziöses Geschenk werden.

Teilnehmerin: *Für mich ist das Geschenk der Intimität und der Freude.*

Kurt Tepperwein: Auf die Intimität sollte ich auch noch eingehen. Aber da komme ich gleich noch drauf, weil wir das oft zu einseitig verstehen, während die Intimität sehr, sehr viele Bereiche hat, die sehr interessant sind und die sollten wir im Bewusstsein haben. Aber schauen wir noch einmal bei allen hin. Was sagen die anderen noch? Das Geschenk meiner Partnerschaft.

Teilnehmer: *Das Glück des gemeinsamen Erlebens. Alles miteinander teilen, ob positive Dinge oder auch negative Dinge.*

Kurt Tepperwein: Gut, jetzt haben wir angeschaut was die Partnerschaft für uns für ein Geschenk ist. Was ist denn das Geschenk, was Sie Ihrem Partner sind?

Teilnehmerin: *Ich bin für meinen Partner ein Konfrontationsgeschenk, weil er sich mit mir auseinandersetzen muss. Und für mich ist er auch ein Geschenk, weil für mich wichtig ist, dass er nicht macht, was ich will, sondern dass ich mich damit auseinander setzen muss, wenn ich jemanden habe, der mir auch widerspricht. So überdenke ich alles, was ich fühle, denke und für richtig empfinde.*

Teilnehmerin: *Durch mich hat mein Partner immer die Chance, die Grenzen seiner konservativen Erziehung zu erkennen, und eventuell auch zu beseitigen.*

Kurt Tepperwein: Wenn er will. Ist er denn bereit zu erkennen, dass er eine konservative Erziehung hatte?

Teilnehmerin: *Ja.*

Kurt Tepperwein: Das erkennt er.

Teilnehmerin: *Das merkt er an mir, weil ich anders lebe. Und er spürt, dass ich in irgendeiner Form freier lebe als er.*

Kurt Tepperwein: Sind Sie denn nicht konservativ erzogen worden?

Teilnehmerin: *Doch, aber ich habe mich davon befreit. Ich habe vorher schon einen Partner gehabt, der mir das auch gezeigt hat. Der hat mir auch erst bewusst gemacht, dass ich überhaupt konservativ erzogen bin, denn mir war es auch nicht bewusst. Und ich habe dann eigentlich nach der letzten Partnerschaft begonnen, mich zu befreien.*

Kurt Tepperwein: Ich möchte Sie nämlich mit diesem Blickpunkt mal veranlassen hinzuschauen und sich zu trauen, sich auch selbst einmal als Geschenk zu erkennen. Sonst haben wir das immer abgebucht, genau wie bei der Treue, als Untugend, Unbescheidenheit. Ich bin doch kein Geschenk, man tut halt seine Pflicht. Sicher bin ich so weit in Ordnung, aber ... Sich mal als Geschenk erkennen, welches Geschenk mache ich meinem Partner durch mich, durch meine Partnerschaft?

Teilnehmerin: *Ich glaube, ich bin für meinen Partner oder für meine Partner ein Schleifstein, an dem sie sich alle Ecken und Kanten, die sie sich in dem bisherigen Leben, seit der Geburt, angeeignet haben, abschleifen, um wieder rund zu werden, damit sie wieder zur Einheit zurückfinden.*

Kurt Tepperwein: Sie sind also als Geschenk ein Schleifstein, an dem die anderen ihre Ecken und Kanten abschleifen können, um wieder ganz rund zu werden. Was sagen die anderen? Jeder einzelne ist ja ein Geschenk.

Teilnehmerin: *Wir sind uns gegenseitig ein Geschenk, weil* *wir eine karmische Aufgabe lösen können.*

Kurt Tepperwein: Damit streifen wir gerade Karma und Partnerschaft, auch das werden wir noch miteinander anschauen, aber eins nach dem anderen.

Teilnehmerin: *Ich bin da, das ist schon ein Geschenk.*

Kurt Tepperwein: Das kann ein Geschenk sein. Es kann aber auch eine Herausforderung sein.

Teilnehmerin: *Aber es ist ein Geschenk.*

Kurt Tepperwein: Das ist doch toll, wenn man diese Einstellung hat: Wir sind immer ein Geschenk. Alleine unsere Existenz ist ein Geschenk.

Teilnehmer: *Die Zeit.*

Kurt Tepperwein: Die Zeit ist ein Geschenk. Machen wir uns bewusst, das Leben ist ein Geschenk. Unser Sein ist auch für uns ein Geschenk. Vielleicht machen wir uns einmal bewusst, was das überhaupt heißt zu sein. Zu sein heißt, ich war immer, ich werde immer sein – ich bin. Sich das einmal bewusst zu machen! Es wird nie eine Zeit geben in dieser Welt, oder in irgendeiner denkbaren Welt, wo Sie nicht sind.

Teilnehmerin: *Hat das nichts mit dem Ego zu tun, wenn ich sage, ich bin.*

Kurt Tepperwein: Das weiß ich nicht, ob das was mit Ihrem Ego zu tun hat, aber es ist eine Wirklichkeit. Egal ob das Ego jubelt, und ob es das gut findet oder nicht, es ist eine Wirklichkeit. Und wir müssen aufhören, Wirklichkeiten, die uns auch schmeicheln könnten, nicht anzuschauen, weil wir denken, das darf man nicht, das ist unbescheiden.

Eine Wirklichkeit ist eine Wirklichkeit. Und ich bin, und Sie sind, und wir sind. Wir waren immer und wir werden immer sein. Ganz gleich was die Welt macht, was aus der wird, ob es die überhaupt noch gibt. Die Welt muss nicht sein, wir aber sind. Wir müssen auch nicht sein, aber wir sind.

Sich das bewusst machen, wie sich das ganze Leben ändert, wenn man einmal in diesem Bewusstsein lebt: Ich bin unsterblich. Für einige muss man jetzt wieder eine Erklärung abgeben, weil die denken, das gibt es doch, dass da welche sterben. Nein, das gibt es nicht. Das hat es auch noch nie gegeben. Das ist genau so eine Illusion. Es gibt nur immer wieder welche, die ihren Körper verlassen müssen, weil der nicht mehr funktionsfähig ist, oder weil der zu alt geworden ist, oder weil sie keine Lust mehr haben, oder was auch immer. Aber es ist noch nie jemand gestorben.

Ich kann also nur den Körper wie meinen alten Wintermantel ausziehen und dann bin ich draußen. Oder aus meinem Auto aussteigen, und dann bin ich draußen. Und ich kann mir ein neues Auto kaufen und steige da ein und habe wieder ein paar Jahre Freude damit, oder ein paar Monate, oder wie auch immer, und dann steige ich wieder aus. Nur, der da ein- und aussteigt, das bin ich. Ich bin! Und ich bin der gleiche. Ich werde immer sein.

Sich das einmal bewusst machen, und diesen Körper dann

auch als das sehen, was er ist, als ein Werkzeug, als ein Fahrzeug, als was auch immer. Und dann sieht natürlich auch Tod ganz anders aus. Dann ist Tod eine Erfahrung, die Sie schon oft gemacht haben. Und wenn Sie das nicht glauben, dann können Sie das ja leicht erfahren, lassen Sie sich einmal zurückführen. Und dann erinnern Sie sich wieder an frühere Schultage, so genannte Leben, die Sie schon hinter sich gebracht haben. Und die sind alle mit der Erfahrung geendet, die wir sterben nennen und Tod.

Aber es gibt Sie ja heute noch, also sind Sie ja nie gestorben. Sie haben diese Erfahrung gemacht, Sie haben Ihren Körper verlassen, Sie sind auch nie mehr in diesen Körper gegangen und der ist dann irgendwo verbuddelt worden, und vielleicht haben Angehörige Blumen dahin gebracht. Nur Sie haben damit nichts zu tun. Sie würden ja auch nicht Ihren alten Wintermantel im Garten verbuddeln und einen Marmorstein draufsetzen. ‚Hier ruht mein alter Wintermantel, er hat mir fünf Jahre treu gedient.'

Und genau so wenig haben Sie mit Ihrem alten Körper zu tun, wenn Sie ihn ablegen. Sie brauchen ihn einfach nicht mehr. Aber Sie sind der, der diesen Körper benutzt, der ihn betreibt, der ihn belebt. Der Körper ist nur Materie. Sie aber sind ein Ausdruck des Lebens. Sie sind unsterblich. Können Sie das glauben? Können Sie das erfassen? Haben wir noch Sterbliche unter uns?

Teilnehmer: *Ich bin sterblich.*

Kurt Tepperwein: Na, Sie werden vielleicht überrascht sein, am Ende des Körpers. Aber gut, sprechen wir uns dann, wenn Sie gestorben sind, dann ist es noch früh genug, dann wissen Sie Bescheid, es geht nicht. Sie schaffen es nicht, Sie können nicht sterben. Aber ich will niemanden überzeugen, ich will einfach nur sagen, wie es ist. Sie brauchen es nicht glauben. Alles was ich hier sage, könnte ja falsch sein. Sie sollen alles ganz kritisch betrachten. Aber Sie sollten prüfen, ob es in Ihnen ja sagt, ob Sie merken, dass es stimmt, ob es Sie an was erinnert. Und wenn ich bei Ihnen recht hinschaue, dann erinnert es Sie an was. Und Sie wissen es eigentlich, aber Sie haben einen Grund sich für sterblich zu halten. Hat das was mit Glauben zu tun, oder?

Teilnehmer: *Nicht direkt mit dem Glauben, aber mit meiner Einstellung zu Dingen. Ich denke einfach, es ist o.k. skeptisch zu sein, ich kann es ja nicht prüfen.*

Kurt Tepperwein: Auch die Skeptiker können nicht sterben. Es geht immer weiter. Das hat natürlich auch Nachteile. Wir können nicht irgendwann sagen, so Schluss, Feierabend. Das gibt es nicht. In der Bibel heißt es: Keiner geht von dannen, ehe der letzte Heller bezahlt ist. Das heißt also, wir müssen alle Ursachen, die wir gesetzt haben, als Wirkung erleben. Ob sie angenehm oder unangenehm sind, ist ganz gleich, wir müssen unser Konto glatt stellen, bevor wir zu Hause bleiben können.

Aber es ist natürlich auch eine wunderbare Chance. Wenn ich unsterblich bin, wenn ich ewig bin, dann sieht mein Leben ganz anders aus. Dann ist das, was bisher das Leben war, nur ein winziger Ausschnitt aus meinem Sein. Ein Aspekt. Dann kann ich sagen, gut, in diesem Leben mache ich mal das, in diesem Leben lerne ich das, im nächsten nehme ich mir diese Lektion vor. Dann schaue ich mir mal die letzten Leben an, was ich denn da gelernt habe, was habe ich da gemacht, wer war ich? Was war der Sinn damals?

Und ganz interessant, wenn Sie mal eine Rückführung machen lassen, ist das letzte Leben zu erleben, den Tod, also zu sterben. Das sollte jeder mal erlebt haben, bewusst gestorben zu sein, dass er weiß, es kann mir nichts passieren. Wie Epikur[1] bereits vor mehr als 2.000 Jahren gesagt hat: ‚Was interessiert mich der Tod? So lange ich da bin, ist der Tod nicht da, und wenn der Tod da ist, bin ich ja nicht mehr da.'

Dass Sie einfach einmal ganz bewusst sterben, und erleben wie es ist, den Körper abzulegen, aber mich gibt es danach noch immer. Und dann den Augenblick erleben, in dem Sie sich entschieden haben, in dieses Leben zu kommen. Und den Grund, warum! Warum habe ich mich für dieses Leben entschieden? Für dieses Land? Für diese Zeit? Für diese Eltern? Was waren meine Beweggründe? Was ist der Sinn meines Lebens? Den erfahre ich nämlich da. Was habe ich mir dabei gedacht, als ich mich für dieses Leben entschieden habe? Und dann kann ich dieses Leben ganz anders erfüllen.

Und dann weiß ich natürlich auch, wie albern es ist zu versuchen hier erfolgreich zu werden, indem ich Reichtum anhäufe. Das ist ungefähr so vernünftig, wie bei den Schiffbrüchigen. Da sind welche glücklich auf einer Insel gelandet, sie waren zwar untergegangen und haben alles verloren, aber sie haben ihr Leben gerettet. Sie waren zwar müde, und dann haben sie erstmal ein wenig Laub zusammen gescharrt und haben sich erstmal hingelegt. Es war

---

1 Griechischer Philosoph, 341 – 270 v. Chr. Im Mittelpunkt seiner ethischen Lehre stand ein Glückszustand des Menschen im Sinne einer heiteren Gelassenheit gegenüber dem Einzelschicksal sowie Schmerzen, nicht in Form der Sinneslust, wie es bei den Römern damals ausgelegt wurde. (Anmerkung der Herausgeberin)

schon dunkel. Und einer hat die halbe Nacht gearbeitet, der hat einen riesigen Haufen Laub zusammen gekratzt, überall zusammengetragen, dann hat er sich drauf gelegt und hat es geschaukelt, der Wind hat es weggeweht. Der hat überall aufgepasst und konnte nicht schlafen. Als die anderen dann am nächsten Morgen ausgeruht aufgewacht sind, da war der wie gerädert, und die anderen sind dann weiter gezogen. Eine Stunde später hatte der Wind die kleinen und den großen Laubhaufen wieder weggeweht, dann war es wieder vorbei.

Und so ist es, wenn wir ein Vermögen zusammentragen. Ohne jede Bedeutung für die Schöpfung. Wir können das tun, es ist unsere freie Entscheidung. Wenn Sie sich was davon versprechen, wenn es Ihnen was bedeutet, dann machen Sie es, aber es bringt Ihnen nichts. Sie werden alles hier zurücklassen. All diese Dinge sind Spielsachen, die Sie hier vorgefunden haben und die Sie hier zurücklassen werden, wenn Ihre Spielrunde beendet ist.

Und dann werden viele so genannte Lebensziele illusorisch. Und dann bleibt die Frage, was ist jetzt wirklich der Sinn des Lebens? Und die Antwort ist ganz einfach. Der Sinn des Lebens ist nicht wer zu werden, oder ein Ziel zu erreichen, oder an mir zu arbeiten, oder einen Menschen glücklich zu machen, oder viele Menschen zu heilen. Das alles können Sie tun, aber das ist nicht der Sinn des Lebens. Der Sinn des Lebens ist zu leben. Das ist alles. Dass Sie am Ende des Lebens sagen können: ‚Ich habe gelebt!' Wenn Sie das sagen können, haben Sie Ihr Leben erfüllt.

Kommen wir zu dem Stichwort „Karma". Karma und Partnerschaft. Es gibt immer wieder Partnerschaften, die karmisch bedingt sind. Das heißt, wann immer Sie in diesem Leben mit irgendjemandem irgendetwas nicht zu Ende gebracht haben, werden Sie ihm in einem zukünftigen Leben begegnen müssen, um sich eine Chance zu geben auch das Konto glatt zu stellen. Wenn Sie also in diesem Leben jemanden kennen, dem Sie nicht wieder begegnen möchten – da denken einige an jemanden, merke ich gerade – dann sollten Sie dafür sorgen, dass diese Dinge in diesem Leben bereinigt werden. Dass Sie frei sind voneinander. Dass Sie sich nicht mehr begegnen müssen, und umgekehrt.

Wenn Sie in diesem Leben jemanden kennen, dem Sie gerne wieder begegnen, weil Sie ihn lieben vielleicht. Vielleicht konnten Sie nicht zusammen kommen, oder was auch immer. Wenn diese Liebe da ist, und so lange diese Liebe da ist, die Sie verbindet, werden Sie sich immer wieder begegnen – wieder und wieder. Sie bekommen immer wieder eine neue Chance, positiv wie negativ. Und so kann Partnerschaft durchaus karmisch bedingt sein, dass man sich verabredet und sagt, wir lösen miteinander mal diese Dinge auf, und dann sind wir frei voneinander.

Oder wir haben eine gemeinsame Aufgabe und wir können die miteinander lösen, dann machen wir das in diesem Leben. Aber viel wichtiger als die alten Dinge, die Sie auflösen, ist die Überlegung bzw. die Tatsache, dass Sie nicht neue Verbindungen herstellen, damit Sie frei bleiben für die Zukunft. Damit Sie nicht neue karmische Verstrickungen schaffen, unerledigte Dinge in der Luft hängen lassen, die da nicht hängen bleiben, sondern die Ihnen wieder und wieder begegnen.

Nehmen wir nur eine einfache Sache, die fast jeder hat und vergisst. Gibt es in Ihrem Leben irgend jemanden, dem Sie irgendwas nicht verzeihen können? Irgendetwas, mag es noch so unbedeutend sein. Das ist ein karmisches Band, das Sie immer wieder zusammen führt, bis Sie es gelöst haben. Der andere hat Ihnen zwar in Wirklichkeit nichts angetan, aber wenn Sie ihm die Schuld für etwas geben, wenn Sie ihm etwas nicht verzeihen, dann ist das ein karmisches Band. Das zwingt Sie wieder, miteinander zu sein, bis Sie dieses Band gelöst haben. Also hätten Sie jetzt noch die Chance alle diese karmischen Verbindungen aufzulösen, die dadurch zustande kommen, dass Sie irgend jemandem irgendwas nicht verzeihen.

Nun, kann es denn etwas geben, das man jemandem nicht verzeihen kann? Überlegen Sie mal, ob jemand Ihnen so etwas Schweres angetan hat, dass Sie sagen: ‚Das kann ich ihm nicht verzeihen.'

Teilnehmerin: *Also, ich kann aus meiner eigenen Erfahrung sprechen. Mein Vater war Alkoholiker, und er hat uns verlassen. Und von klein an habe ich, ich weiß nicht, ob das projiziert war oder ob das meine echten Gefühle waren, gesagt, dass ich ihn hasse. Dann kam der Punkt, an dem ich mich damit auseinandersetzen musste. Das habe ich mit einer Rückführung gemacht, und ich habe ihm verziehen. Doch seit gestern ist diese Energie wieder da.*

Kurt Tepperwein: Das Leben lenkt also Ihr Bewusstsein noch mal auf diese Sache und sagt, es ist noch nicht ganz erledigt, da musst du noch mal hinschauen. Damit musst du dich noch mal befassen, bis es wirklich gelöst ist. Und wenn Sie wissen wollen, ob etwas gelöst ist oder nicht, dann können Sie einen Armtest machen. Und dann wissen Sie, es ist gelöst. Einige kennen das wahrscheinlich nicht. Wir können an jemanden denken … Oder machen wir lieber eine praktische Übung. Hat jemand jemandem noch etwas zu verzeihen? Ja, vielleicht kommen Sie hier her und schauen nach da. Halten Sie Ihren Arm mal nach oben, dann kann ich erst mal probieren. Sie müssen dagegenhalten. Und jetzt denken Sie mal an den Menschen, dem Sie etwas nicht verzeihen können. Halten Sie Ihren Arm mit der gleichen Kraft, aber denken Sie an den Menschen und an das, was Sie ihm nicht verzeihen können. Jetzt halten – na, das ist gar nicht mal so schlimm.

Oder wollen wir lieber noch mal eine Probe machen. Denken Sie noch mal genau an den Menschen und an die Situation, oder an das, was Sie ihm bisher nicht verziehen haben. Und halten Sie sich das vor Augen, bis es ganz lebendig ist. Wir wollen sicher sein, dass wir es sorgfältig gemacht haben. Jetzt halten! Aha, da ist also doch noch was zu tun. Moment, jetzt machen wir mal die Gegenprobe. Stellen Sie sich doch einmal vor, Sie würden ihm jetzt verzeihen. Jetzt, in diesem Augenblick. Sie würden erkennen, der andere kann ja nichts dafür, der ist ja nur ein Bote des Schicksals, und ich habe das ja verursacht, diese Erfahrung. Also kann ich ihn loslassen, er hat damit nichts zu tun. Stellen Sie sich das einmal vor und wenn Sie es vor Augen haben, halten Sie den Arm noch einmal hoch. Halten – da sieht das ganz anders aus. Danke.

Das heißt also: Jedes Mal, wenn ich jemandem nicht verzeihe, blockiere ich einen Teil meiner Lebenskraft. Dann kann die Lebenskraft nicht mehr frei fließen, weil ich ein Hindernis in meinem Bewusstsein habe. Und sobald ich dieses Hindernis beseitige, fließt die Kraft wieder voll. Ich mache mir ein Geschenk, wenn ich verzeihe. Ich bereichere mich, und das größte Geschenk mache ich mir damit, dass ich Vollkommenheit erst erreichen kann, wenn ich jedem alles verziehen habe.

Solange ich also einen einzigen vergesse oder ihm etwas nicht verzeihen kann, kann ich Vollkommenheit nicht erreichen. Das sollten Sie also wissen, dass hier ein Geschenk auf Sie wartet, das Sie sich jederzeit selbst machen können. Und so lange Sie es nicht tun, bestrafen Sie sich damit, dass der letzte Schritt in die Vollkommenheit nicht möglich ist, weil Sie es selbst verhindern, weil Sie selbst das Hindernis sind.

Teilnehmerin: *Wie kann ich einem anderen verzeihen, wenn ich das nicht weiß? Wenn ich nicht weiß, ob ich das kann oder wie ich das kann?*

Kurt Tepperwein: Wie kann ich einem anderen verzeihen? Ja, ich kann es am leichtesten durch Erkenntnis. Durch die Erkenntnis nämlich, dass der andere ja nichts dafür kann. Niemand kann mir etwas antun, was ich nicht verursacht habe. Also kann der andere ja nichts dafür, wenn ich die Ursache bin. Dann ist der andere ja gewissermaßen nur der Briefträger. Sie würden Ihrem Briefträger ja auch keine Ohrfeige geben, nur weil der Ihnen einen Brief vom Finanzamt mit einer Nachzahlungsforderung bringt. Der kann ja nichts dafür. Sie würden ja wahrscheinlich auch nichts sagen, wenn der Briefträger kommt und Ihnen mitteilt, dass Sie sechs Richtige im Lotto haben, hier sind drei Millionen. Dann sagen Sie auch nicht nein, weil er keine Krawatte trägt und Sie es deshalb nicht von ihm annehmen wollen.

Das heißt also, wir müssen die Botschaft vom Boten trennen. Wir müssen lernen, durch wen mir eine schmerzhafte Erfahrung zugefügt wird, ist ohne Bedeutung. Das hat nichts mit dem Botschafter zu tun. Die Botschaft stammt von mir. Der Botschafter wird vom Leben ausgewählt, wer eben gerade da in Frage kommt, der macht das. Aber der kann nichts dafür, also habe ich dem auch nichts zu verzeihen. Wenn ich das erkannt habe, dann weiß ich ja, wie illusorisch ich bisher war. Dann kann ich mich nur noch bei ihm entschuldigen, dass ich bisher dachte, er hätte mir was angetan.

Teilnehmerin: *Und wenn er sich das auch nicht verzeiht?*

Kurt Tepperwein: Dann kann ich ihm helfen das zu erkennen, kann ihm sagen, was ich da erkannt habe, und dass wir gar nichts miteinander zu tun haben, dass er das vergessen kann. Und dass er gleichzeitig aber überlegen kann, wem er noch was zu verzeihen hat. Denn wenn er denkt, er hat Ihnen gegenüber eine Schuld auf sich geladen, dann meint er ja auch anderen gegenüber, oder andere hätten ihm gegenüber Schuld auf sich geladen. Dann kann ich ihm helfen, das im Licht dieser Erkenntnis aufzulösen.

Das ist alles Illusion, das gibt es gar nicht. Das ist nur eine Vorstellung gewesen. Die Wirklichkeit ist so: Du bist die Ursache für dein Schicksal, und ich bin die Ursache für mein Schicksal. Durch wen das kommt, ist ganz gleich. Und dann kann man das auflösen. Und dann kann ich wieder den Armtest machen und kann gucken, ist es denn jetzt weg oder bilde ich mir nur ein, dass es weg ist? Ist es wirklich aufgelöst, dann bleibe ich stark, wenn ich daran denke.

Teilnehmer: *Ich habe einen Freund, der hat bei mir 30.000 Franken geklaut …*

Kurt Tepperwein: Ein Freund klaut 30.000 Franken? Das war aber auch nicht so ein rechter Freund.

Teilnehmer: *Ja, eben. Das ist eine Frage von Charakter. Kann man jemandem noch verzeihen und trotzdem laufen lassen …*

Kurt Tepperwein: Gute Frage. Also, stellen Sie sich vor, Sie würden sagen, gut, ich habe das selbst verursacht. Der andere hat mir das geklaut. Wer weiß, vielleicht habe ich das Geld auch ein bisschen nicht so ganz verdient, also hat es das Leben wieder zurückgenommen. Lassen wir es gut sein. Nein, das wäre nicht in Ordnung. Ich muss in einem gerichteten Bewusstsein dafür sorgen, dass alles richtig ist. Hier hat mir jemand etwas weggenommen, also würde ich klagen, würde den verklagen, würde sehen, dass das hier auf dieser Ebene wieder in Ordnung kommt. Also, entweder, dass er mir das zurückzahlt, oder wenn das nicht möglich ist, dass er dafür bestraft wird. Auf jeden Fall würde ich nie etwas in der Luft hängen lassen.

Vertrauen ist gut, der Mann ist immer noch göttliches Bewusstsein. Das kann ihm keiner nehmen. Der hat halt jetzt diese Dinge getan, und Sie können die Konsequenzen daraus ziehen. Sie können auch sagen, ich schaue den nicht mehr an, aber warum eigentlich? Nur Sie sollten ihm nicht mehr 30.000 Franken geben, die er wieder mal nehmen könnte. Zweimal braucht man die Erfahrung nicht machen, also nicht falsches Vertrauen haben. Wenn einer eben da in Versuchung kommt, und ich weiß das jetzt durch eine schmerzhafte Erfahrung, dann brauche ich die ja nicht noch mal wiederholen.

Teilnehmer: *Ich denke dann immer, das ist ja auch meine Schuld, weil ich eben so vertraue. Und mir ist es zufälliger-weise schon drei mal passiert, dass mir jemand was geklaut* hat. Es waren immer verschiedene. Aber auf der Arbeit muss man ja irgendwann anfangen zu vertrauen. Aber jetzt kommen Zweifel, ob ich so vertrauen soll.

Kurt Tepperwein: Doch, Vertrauen ist gut, aber Kontrolle ist besser. Das heißt, ich würde selbstverständlich vertrauen, aber ich würde niemanden in Versuchung führen, indem ich leichtfertig bin. Sondern ich würde, wenn einer mit meinem Geld umgehen muss, eine Form der Sicherheit finden. Ich würde mich schon absichern, so gut es eben möglich ist. Das Vertrauen sollte man auf jeden Fall beibehalten. Man sollte jedem einen Vertrauensvorschuss geben, aber man sollte nicht die Augen zu machen und nichts sehen wollen. Sondern man sollte die Dinge so nehmen, wie sie sind.

Nada: Ich glaube, es ist auch eine Frage, was ich denke, wenn ich den Menschen gegenüberstehe. Als erstes, bevor er spricht, bevor er etwas sagt, versuche ich in mich hineinzuhören, in mein Gefühl: Was habe ich für ein Gefühl bei der Person? Und das ist das richtige, darauf kann ich mich verlassen.

Kurt Tepperwein: Wenn er das getan hätte, dann wäre ihm das ja nicht passiert. Deswegen ist er vielleicht auch hier, um das ins Bewusstsein zu nehmen, damit das in Zukunft nicht mehr passieren muss.

Nada: Es ist eine Chance, das zu lernen.

Kurt Tepperwein: Ganz genau. Und wir können auf zwei

Arten lernen. Entweder durch Erkenntnis, jetzt hier, oder es kostet wieder 30.000 Franken …

Dieses Seminar zeigt uns, dass alles auf zwei Ebenen stattfindet. Auf der äußeren Ebene eine Information über die Zusammenhänge zum Thema, aber auf einer inneren Ebene ein Geschehen, etwas das sich verändert, das man gar nicht unbedingt in Worte fassen kann und auch nicht kleiden braucht. Dass der Verstand gar nicht immer mitbekommt, was geschieht, man merkt nur hinterher oft erst an der Veränderung, dass etwas geschehen ist.

Und es ist ganz wichtig, dass Sie offen sind für dieses Geschehen, damit es geschehen kann. Und wenn wir uns so innerlich immer mehr in Ordnung bringen, Partnerschaften heilen, alte Wunden auflösen, dann sollten auch die Ängste verschwinden, die in der Partnerschaft gewesen sein können.

Zum Beispiel haben fast alle Menschen die Angst vor Ablehnung. Das mag nicht als Angst bewusst sein, aber es ist unangenehm von irgendwem nicht gemocht zu werden, oder gar auf jemanden zuzugehen und dem die Hand zu reichen und dort nicht angenommen zu werden. Wir alle haben irgendwo solche Erfahrungen des nicht-angenommen-werdens. Auch das kann eine solche alte Wunde sein, die zu schließen ist.

Und irgendwann sind wir so frei, dass es uns bewusst ist, es kann nicht jeder mein Freund sein und nicht jeder muss mich annehmen. Das ist gar nicht wichtig. Wichtig ist nur eins: Dass ich mich annehme. Dass ich mich bedingungslos in meinem so sein annehme. Wenn ich das kann, verschwindet die Angst vor der Ablehnung durch andere. Und dann traue ich mich langsam, mich für intimere Bereiche zu öffnen. Denn viele haben Angst vor Intimität. Ich meine auch vor körperlicher Intimität gelegentlich, aber das geht noch am ehesten. Ich meine auch vor anderen Bereichen der Intimität. Intimität hat viele Räume.

Da gibt es zum Beispiel neben der sexuellen Intimität die emotionale Intimität, der Gleichklang der Gefühle. Oder eine intellektuelle Intimität, eine ästhetische, oder das eins sein in einer Kreativität, etwas miteinander tun. Ich weiß nicht, ob Sie schon einmal erlebt haben, wie Sie etwas mit jemandem geschaffen haben. Das kann sich sogar einstellen, wenn Sie miteinander das Wohnzimmer tapezieren, oder noch mehr, wenn man gemeinsam ein Bild malt. Wenn wir in diese Erfahrung gehen, gerade in der Partnerschaft, Farben bereitstellen und ein Papier oder eine Leinwand, und sich nicht absprechen, was machen wir jetzt, sondern anfangen. Anfangen und der andere ergänzt das, bringt es vielleicht in eine ganz andere Richtung, als ich das gedacht habe, und ich mache wieder weiter, und er macht wieder weiter, oder wir machen sogar gleichzeitig. Und irgendwann einmal kommt ein Augenblick, da sind wir im Gleichklang. Da stört das nicht mehr, was der andere tut, dann ergänzt es wirklich, rundet ab. Dann sind wir in einer kreativen Intimität.

An den Kindern können wir das zum Beispiel sehen. Die sind in einer spielerischen Intimität. Ich weiß nicht, ob Sie das schon einmal erlebt haben, ich habe das einmal im Sandkasten gesehen. Ich saß irgendwo im Park, habe gar nicht gemerkt, dass da ein Sandkasten war, ich war auch alleine, und las. Es war ein Frühlingstag, die Sonne schien, Vögel zwitscherten, es war wunderschön, und auf einmal kommt eine Mutter mit ihrem Kind. Das Kind geht in den Sandkasten und spielt mit Eimerchen und Schäufelchen, ist versunken, macht da Formen, und nach einer Weile kommt eine andere Mutter mit Kind. Zuerst steht das andere Kind bei der Mutter am Rockzipfel, geht dann einen Schritt zum Sand und guckt, geht weiter, und als es keine Ablehnung erfährt, stellt es sich neben den Sandkasten, und im nächsten Augenblick war es drin und die beiden spielten miteinander, als wären sie Geschwister oder würden sich schon Jahre kennen. Sie waren versunken in dem Spiel, in der spielerischen Intimität. So, wie Leben eigentlich sein sollte, wie es gedacht ist, dass wir spielerisch mit den Dingen umgehen.

Und eine solche Intimität kann sich sogar im Streit einstellen, oder in einer Krise, dass man plötzlich spürt, wir erleben das miteinander. Wir gehen gerade miteinander durch eine Erfahrung, eine Erkenntnis. Und für mich ist der Bereich der spirituellen Intimität besonders schön. Wenn man Erkenntnisse miteinander teilt oder sogar miteinander bekommt, wenn sie in einem geboren werden, man gemeinsame spirituelle Erfahrungen macht.

Das alles sind Bereiche von Intimität, wo wir eintauchen können, nicht nur in ein Miteinander, sondern in ein Eins-Sein. Und dazu braucht man Vertrauen. Ich muss mich nämlich verletzlich machen, ich muss mich öffnen. Und der andere kann unachtsam sein und kann mich verletzen. Wenn ich aber dieses Vertrauen habe und mich öffne und es riskiere unter Umständen verletzt zu werden, erlebe ich: Ich bin unverwundbar. Man kann mich überhaupt nicht verletzen. Der andere hat gar nicht die Macht, Sie zu verletzen, das können nur Sie selbst.

In dem Augenblick, wo Sie das Vertrauen haben und sich öffnen, erkennen Sie: Es kann Sie nie mehr jemand verletzen. Wie will er das denn machen? Was könnte jemand tun um Sie zu verletzen? Das ist absolut unmöglich. Aber Sie können natürlich alles zum Anlass nehmen, um sich verletzt zu fühlen. Das ist wieder was anderes, das geht. Wenn Ihre Erwartung nicht erfüllt wurde, Ihre Vorstellung, wie auch immer.

Aber es ist ein wunderbares Gefühl sich irgendwann einmal durch das Vertrauen zu öffnen, Vertrauen ins Leben und festzustellen, ich bin unverwundbar, mich kann niemand mehr verletzen. Wenn Sie wollen, können Sie es ruhig ausprobieren. Verletzen Sie mich mal ein bisschen. Sie werden sehen, es geht nicht, es ist nicht möglich. Und es geht bei Ihnen genau so wenig. Wenn aber nur Sie sich verletzen können, dann sind Sie auch der Einzige, der die Macht hat, das zu beenden. Und ab da sind Sie unverwundbar.

Und Sie erkennen, was immer der andere auch tut oder sagt, es ist Ausdruck seiner Meinung, seines so seins. Die können Sie teilen oder nicht, annehmen oder nicht. Alles das sind nur Angebote des Lebens. Und das Leben meint es immer gut mit Ihnen. Niemand kann Sie verwunden oder verletzen. Und wenn Sie dann gleich auch noch Ihre Erwartungen loslassen, dann kann Sie nicht einmal mehr jemand ärgern oder kränken. Sie sind plötzlich frei. Das aber braucht als ersten Schritt das Vertrauen ins Leben, dass ich mich öffne, dass ich zulasse, was ist. Und dazu gehört auch, dass wir streiten lernen.

Vielleicht meinen Sie, das können Sie schon ganz gut, Sie haben Übung darin, aber das meine ich nicht. Sondern streiten lernen heißt, zu lernen zu streiten ohne das Miteinander zu beenden. Da habe ich mal eine wunderbare kleine Geschichte zu gelesen. Eine Frau wurde gefragt, was ihr das Wichtigste in der Partnerschaft sei. Und sie sagte: ‚Für mich ist das Wichtigste in unserer Partnerschaft, dass ich weiß, mein Mann liebt mich wirklich.' – ‚Ja,' sagte der Reporter, ‚streiten Sie also nie?' – ‚Oh doch, häufig sogar. Wir sind keineswegs immer einer Meinung, und wir setzen uns sehr temperamentvoll auseinander, aber ganz gleich, was mein Mann im Streit zu mir sagt, ich höre immer: Ich liebe dich.'

Wenn Sie das können, wenn Sie also auch im Streit wissen, wir sind jetzt nur unterschiedlicher Meinung, das hat mit unserem Miteinander nichts zu tun, und ich nehme auch deine Meinung gar nicht an, ich nehme sie zur Kenntnis, aber ich kann sie vielleicht nicht teilen. Wir bleiben unterschiedlicher Meinung, aber wir lieben uns. Und das hat mit dem Miteinander überhaupt nichts zu tun. Wir sind vollkommen miteinander, nur unterschiedlicher Meinung. Wenn ich mich auch aus diesem Zwang entlasse, dass wir immer einer Meinung sein müssen, werde ich in der Partnerschaft wieder einen Schritt freier. Und dann habe ich gelernt zu streiten ohne zu verletzen. Dann kann man streiten, dass die Fetzen fliegen und kann Freude haben dabei.

Wir sind nicht immer einer Meinung, im Gegenteil. Wir haben so unterschiedliche Arten mit dem Leben umzugehen, dass, egal was ich mache, ich weiß sie macht es anders herum. Das beginnt schon damit, wie sie die Bananen aufmacht, natürlich am völlig falschen Ende. Ich mache die Bananen oben auf und sie auch, aber oben ist bei ihr am anderen Ende, als bei mir. Überlegen Sie mal, wie machen Sie eine Banane auf? Am Stiel? Wer macht die Banane am Stiel auf? Das ist deutlich die Mehrheit. Ich mache die Banane an der Knospe auf. Wir sehen, verkehrt ist hier eben nur ein Urteil. Selbst dabei ist nicht unbedingt klar, wo oben ist. Jeder macht es oben, nur für jeden ist oben am anderen Ende.

Und wenn man diese Dinge so spielerisch nimmt, wie sie sind, und sagt, der andere macht es eben ganz anders, dann kann das plötzlich, wenn das nicht mehr zur Konfrontation führt, zur Bereicherung werden. Das heißt, das

Leben wird interessanter. Der andere macht es ganz anders, geht die Dinge von einer ganz anderen Seite an, hat ganz andere Ansichten, schaut auf die gleiche Wahrheit, sieht vielleicht sogar das Gleiche und kommt zur entgegen gesetzten Konsequenz. Auch das ist möglich. Und dann wird das Miteinander sehr bereichernd, dann verschwindet die Konfrontation, und man schaut auf den anderen, wie der das macht.

Manchmal stelle ich mir auch schon vor, wie sie das jetzt wieder machen würde. Wie kann man das denn ganz anders machen? Das geht doch nur so, aber sie findet da immer etwas ganz anderes. Und es geht sonderbarerweise. Das ist natürlich ganz falsch, aber es funktioniert. Und irgendwann verschwindet falsch oder richtig, dann gibt es nur noch so oder so, nicht mehr entweder oder, sondern sowohl als auch. Man kann die Banane also sowohl so rum aufmachen, als auch so rum. Alles führt dazu, dass man eine Banane isst und man wird letztlich erkennen, das ist ja alles gleich, ganz gleich wie man es macht.

Und damit sind wir schon dabei, die interessanten Seiten der Partnerschaft zu entdecken. Wenn wir uns frei gemacht haben von den Dingen, die uns einengen, begrenzen, verletzen, dann kann man anfangen die Dinge miteinander zu entdecken. Dann kann man in diese verschiedenen Bereiche der Intimität hineingehen, dann verschwinden die Ängste. Überlegen wir mal, wir sagen das einfach so, dann verschwinden die Ängste: Welche Angst haben Sie denn noch? Oder welche Befürchtung könnten Sie in Zukunft noch haben? Sagen Sie mal eine. Na, irgendwas wird Ihnen doch einfallen.

Teilnehmerin: *Nicht genug Zeit miteinander zu haben.*

Kurt Tepperwein: Wie viel ist genug? Und wer bestimmt das? Das ist doch ein individueller Maßstab, den ich schaffe. Ich sage, so viel ist genug, weniger ist zu wenig, mehr wäre schön oder zu viel. Aber diesen Maßstab gibt es nicht. Der ist eine Vorstellung. Es kann sein, Sie haben eine Partnerschaft und Sie begegnen sich nie wieder, und es war genug Zeit. Es kann sein, dass es nur einmal die Woche ein paar Sekunden sind, wo Sie sich begegnen, und es ist genug. Und es kann sein, Sie sind 24 Stunden jeden Tag zusammen und es ist immer noch nicht genug. Also, ‚genug' ist kein absoluter Wert, es ist meine Einstellung. Und es ist schön, wenn man sagen kann: ‚Ich habe nie genug von dir.' Aber ich sollte dieses Bedürfnis auflösen, ich muss mehr von dir haben. So viel wie ist, ist genug. Es ist immer richtig.

Vielleicht ist es deswegen genug, damit die Sehnsucht erhalten bleibt, auf das Wieder, auf das Mehr, auf das noch einmal, und dann war es richtig. Ein bisschen länger vielleicht, und diese Sehnsucht wäre gestillt worden, und ich würde dich vermissen. Also haben Sie das Vertrauen ins Leben, dass einfach in jedem Augenblick immer das Richtige geschieht, und es ist immer genug.

Manchmal verschwinden ganz sonderbare Dinge aus dem Leben. Ich erinnere mich, als ich früher arm war, und ich war viele Jahre sehr arm, da hatte ich viele Wünsche. Die wären mit ein paar Mark zu erfüllen gewesen, aber ich hatte die paar Mark nicht. Also habe ich Dinge entdeckt, Erfüllungen, die kein Geld kosteten, weil kein Geld da war. Und irgendwann hatte ich Geld und habe mir die Dinge geleistet und habe auf einmal die offenen Wünsche vermisst. Die Freude, das könnte ich mir zusammen sparen, oder wenn ich lange genug warte, dann kriege ich das. Heute kann ich einfach sagen, gut, wenn ich es haben will, dann hole ich es mir. Oder ich konnte früher von Autos träumen, ganz früher natürlich auch von Fahrrädern. Noch früher war es, das weiß ich sogar noch, mal monatelang ein Traum von mir, da kamen die Doppellampen auf dem Fahrrad auf, da wollte ich auch so eine Doppellampe haben. Die kostete 15,60 Mark, die hatte ich nicht. Es dauerte ein halbes Jahr bis ich diese 15,60 Mark hatte, und ich hatte auf meinem Fahrrad die Doppellampe. Meine Freunde beneideten mich, weil sie die Doppellampe nicht hatten, ich hatte sie.

Und irgendwann hat man ein Ziel erreicht, das erstrebenswert erscheint, nämlich genug Geld zu haben –Was ist eigentlich genug? Wir haben immer genug, wenn wir richtig hinschauen … – und dann habe ich gemerkt, dass diese Dinge, diese Sehnsucht, plötzlich verschwindet. Das ist eigentlich schade. Also seien wir zufrieden mit den Dingen, wie sie sind und lernen wir das Vertrauen zu haben, es ist immer genau richtig.

Wenn Sie das mit mir teilen können, diese Erkenntnis, dass es das Leben gut mit Ihnen meint. Dass es Ihnen alles gibt, was Sie brauchen, was Sie wirklich brauchen. Und dass es immer genug ist, und immer der richtige Zeitpunkt, und immer das Richtige geschieht. Dann brauchen Sie nur noch dankbar sein, innerlich das als Geschenk erkennen und anzunehmen. Und es ist wunderbar in einer Schöpfung zu leben, in der alles stimmt.

In meiner Welt stimmt alles. Ich weiß, dass es Menschen gibt, die leben in einer Welt von Ungerechtigkeit, von Unfrieden, von dieser Realität, nur in meiner Welt hat das einen ganz anderen Stellenwert. Ich nehme an diesen Dingen nur in so fern teil, als sie mich betreffen, als ich dafür resonanzfähig bin, und für das meiste bin ich nicht resonanzfähig. Also existiert das irgendwo, aber es betrifft mich nicht.

Das ist so ähnlich wie mit AIDS. AIDS ist eine Gefahr für die Menschheit, aber es ist natürlich ganz leicht einen Schritt zu tun, und AIDS ist für mich irgendein Wort, irgendeine schreckliche Sache, die möglicherweise irgendwo stattfindet, aber die mit mir nichts mehr zu tun hat. Ich kann damit nicht mehr in Berührung kommen. Es ist meine Entscheidung.

Und genau so ist es Ihre Entscheidung nicht mehr mit Krankheit in Berührung zu kommen, wenn Sie wollen. Bleiben Sie doch gesund! Ich kann es nur empfehlen. Ich bin vor ein paar Jahren aus der Krankenkasse ausgetreten, weil ich mich fragte wozu. Ich gehe ja doch nirgendwo hin, wo die bezahlen müssten, also brauche ich das nicht. Und das könnten Sie auch tun. Da kam natürlich ein besorgter Herr von der Krankenkasse und meinte, ich wäre jetzt 42 Jahre Mitglied und käme jetzt in das Alter, Gott behüte, dass ich es brauche, aber wo sie nicht mehr sagen können, wo die Dinge Geld kosten können. Ich sagte, das mag ja sein, nur ich werde nicht krank.

Und Sie brauchten das auch nicht. Sie müssen einfach einmal in dieses Bewusstsein gehen, dass Sie ein Schöpfer sind, und Sie entscheiden, was Ihnen widerfährt. Und dass Sie sich bewusst entscheiden gesund zu bleiben, genau so wie Sie sich bewusst entscheiden können glücklich zu werden, oder eine harmonische Partnerschaft zu haben. Oder wenn Sie eine unbefriedigende Erfahrung hinter sich haben, einfach jetzt den Richtigen anzuziehen. Die spirituelle Partnerschaft zum Beispiel, oder die Erfüllung, oder was auch immer. Und wenn Sie in die Erfahrung gehen, dass Sie sich von jemandem trennen, weil eine Partnerschaft sich einfach erfüllt hat, dann muss das auch nicht im Streit geschehen. Im Gegenteil, dann könnte man in aller Liebe erkennen, das hat sich erfüllt, es war ein gutes Stück Weg miteinander und wie lösen wir das jetzt am besten? Und dann kann man wirklich als Freunde auseinander gehen, kann sich ab und zu mal anrufen, erkundigen wie es geht, hast du einen neuen Partner, wie verstehst du dich mit dem. Es kann alles so natürlich, so selbstverständlich sein, so schön, aber das kommt nicht von selbst. Wir sind Schöpfer und wir haben es in der Hand. Machen Sie weisen Gebrauch davon.

Heute ist etwas eingetreten, was sehr selten eintritt, wir sind energetisch schneller, als informativ. Das heißt, Sie sind energetisch so gut mitgegangen, dass wir energetisch alles erreicht haben, was zu erreichen war. Jetzt brauchten wir also nur noch prüfen, was fehlt mir informativ noch? Was möchten Sie noch wissen? Welchen Punkt sollten wir noch berühren?

Teilnehmerin: *Die Dualität.*

Kurt Tepperwein: Was meinen Sie konkret damit?

Teilnehmerin: *Männlicher und weiblicher Aspekt.*

Kurt Tepperwein: Machen wir uns bewusst, unsere Aufgabe ist es, die Dualität allmählich Schritt für Schritt aufzulösen. Das heißt, die Dualität gibt es in Wirklichkeit nicht. In der Erleuchtung entdecken wir plötzlich, dass es Dualität nie gegeben hat. Dualität ist eine Sichtweise der Wirklichkeit, eine Brille im Bewusstsein. Wir brauchen uns das nur einmal bewusst machen bei irgendeiner Dualität, bei einer Polarität, zum Beispiel Temperatur, heiß – kalt. Wo ist denn die Grenze zwischen heiß und kalt?

Vielleicht würde ein Neger sagen 20 Grad ist kalt, und ein Eskimo würde sagen, das ist heiß. Also, das ist ja subjektiv. Niemand kann sagen, bei so und so viel Grad endet kalt und es beginnt warm. Das gibt es nicht. Temperatur ist nur eins. Und wenn wir das erkennen, dann erkennen wir, es hat Dualität nie gegeben. Das ist eine Sichtweise der Dinge.

Und irgendwann legen wir Schritt für Schritt diese Sichtweise ab, indem wir zur Einsicht kommen, indem wir das Eine hinter allem erkennen. Und da kommen wir gerade zu einem besonders schönen Thema, nämlich, wie man ein Seelenpartner wird, wie ich also in die ideale Partnerschaft komme, wie ich den idealen Partner finde. Und es gibt einen ganz einfachen Weg den idealen Partner zu finden, nämlich ein idealer Partner zu sein und es dem Leben zu überlassen – nach dem Gesetz der Resonanz – den dann zu mir passenden idealen Partner zu mir zu führen.

Das heißt also, auf dem Weg dahin haben wir alle derzeit den idealen Partner. Den nämlich, der uns hilft immer idealer zu werden, die jetzt anstehende Lektion zu lernen, das Notwendige zu tun. Wenn uns jetzt der Seelenpartner begegnen würde, würde uns das nichts nützen, und ihm würde es auch nichts nützen. Wir würden nicht stimmen, wir wären noch nicht so weit. Wir brauchen also auf dem Weg dahin noch den einen oder anderen Partner, um miteinander die Schritte zu tun, bis wir dem Seelenpartner begegnen können.

Und diese letzte Partnerschaft, das ist die Partnerschaft mit sich selbst. Denn dieser Seelenpartner ist der duale Teil von mir selbst. Am Anfang haben wir uns getrennt, als wir in die duale Sichtweise gingen, in männlich – weiblich, oder in links – rechts, oder wie Sie es nennen möchten. Also, jeder hat einen Bereich übernommen, wir haben uns in zwei Teile geteilt, der eine Teil ist diesen Weg der Erfahrung gegangen, und der andere jenen, und erst kurz vor dem Schluss begegnen wir uns wieder und werden eins mit uns.

Und das ist keineswegs so, wie man es sich vorstellt, in einem seligen Augenblick des Erkennens fällt man sich in die Arme und fortan geht man glückselig durch das Leben. Sondern der andere Teil von mir hat ja ganz andere Erfahrungen gemacht, extrem andere, hat extrem andere Ansichten entwickelt, und Verhaltensweisen und Muster.

Wir müssen also oft in diesem letzten Reifeschritt die größten Extreme vereinen. Aber das ist die letzte Aufgabe, bevor ich in die Einheit gehen kann. Ich muss wieder eins werden mit mir selbst, muss in mir selbst wieder eins geworden sein. Und wir alle haben auf diesem Weg in uns ein Bild dieses Seelenpartners, eine ungestillte Sehnsucht nach dieser Form der Einheit. Und wir erkennen bei aller Richtigkeit einer Partnerschaft, das ist das allerletzte noch nicht. Aber deswegen ist das jetzt, in diesem Augenblick das beste, denn jeder hat in jedem Augenblick den richtigen Partner.

Und selbst wenn Sie im Moment gar keinen Partner haben, dann ist die Einsamkeit, das alleine sein, der richtige Partner für Sie, derzeit der richtige Lehrmeister. Wenn Sie sich nach dem spirituellen Partner sehnen, dann heißt das aus meiner Sicht, Sie sind gerade dabei die Voraussetzungen zu schaffen, damit das geschehen kann. Und solange die nicht geschaffen sind, kann es nicht geschehen. Also ist jetzt die Sehnsucht mein Partner, der mir hilft mich vorzubereiten, damit ich diesem spirituellen Partner begegnen kann, für den ich vielleicht genug Sehnsucht habe, aber möglicherweise noch nicht spirituell genug bin. Und sobald ich das bin, kann das Leben die beiden wieder zusammenführen, ziehen die sich nach dem Gesetz der Resonanz unfehlbar an. Und so wird es auch sein mit diesem letzten Seelenpartner, mit uns selbst, die Begegnung mit uns selbst.

Und da warten dann die größten Schwierigkeiten auf uns, nur die kommen erst dann, wenn wir denen gewachsen sind. Im Idealfall sieht das so aus, begegnen wir uns erst, wenn wir alle Schwierigkeiten gelöst haben, so dass es keine Schwierigkeiten mehr gibt. Und dann erkennen wir, es hat nie eine Schwierigkeit gegeben, zwischen zwei Menschen, die war immer selbst geschaffen. Ich habe eine Vorstellung gehabt, der der andere nicht ganz entsprechen konnte, also kollidieren wir in Teilbereichen, aber das ist selbst geschaffen.

Wenn ich die Vorstellung loslasse und den anderen so erkenne, wie er ist, als richtig, dann gibt es kein Problem. Und wenn ich nicht mehr an der Vorstellung festhalte, der andere müsse mir treu sein, was immer das bedeuten soll, dann gibt es auch keine Untreue mehr. Und wenn ich ihn nicht mehr besitzen will, oder Angst habe ihn zu verlieren, dann gibt es keine Eifersucht mehr. Das verschwindet alles ganz von selbst. Das sind dann alles theoretische Begriffe, die aber keine Bedeutung mehr haben, weil ich darüber hinaus gewachsen bin.

Und stellen Sie sich vor, Sie sind eines Tages gestorben und da kommen aus den letzten 100 Inkarnationen die Partner auf Sie zu: Wem wollen Sie jetzt treu sein? Und wie? Wie soll das aussehen? Wie machen Sie das? Dann ist das alleine schon von der Anzahl her eine Unmöglichkeit. Und wie hat die Schöpfung das gelöst? Ganz einfach, Sie sind mit denen noch verbunden, mit denen Sie durch Liebe oder Abneigung eine Verbindung geschaffen haben. Das ist alles. Und von den übrigen sind Sie frei, mit denen sind Sie im Einklang. Da gibt es nichts zu tun.

Irgendwann einmal waren Sie zusammen und das war wichtig, aber das ist gelöst. Und da gibt es ein paar, die sind nicht gelöst. Also, die haben Sie noch vor sich und die müssen Sie noch lösen. Und dann eines Tages haben Sie das gelöst und sind bereit für diese letzte Begegnung, die Begegnung mit sich selbst. Und da haben Sie die größten Extreme zu überbrücken. Und wenn Sie das getan haben, gibt es da nichts mehr zu überbrücken, ist diese Aufgabe Partnerschaft gelöst.

Und lösen Sie sich auch von einer liebgewordenen Vorstellung, dass man sich im Angesicht Gottes vor dem Altar verspricht treu zu sein, bis das der Tod uns scheidet. Erstens einmal scheidet der Tod nicht, wie sollte er auch, und zweitens, wie kann ich meine Zukunft vergewaltigen und versprechen, dass ich so sein werde, wenn das irgendwann nicht mehr stimmt. Das kann ja morgen schon nicht mehr stimmen.

Machen Sie sich also bewusst, dass der Tod Sie nicht scheidet. Wenn Sie mit jemandem in Liebe verbunden sind, dann geht das selbstverständlich über den Tod hinaus. Es gibt keine Trennung, die Sie nicht selbst vollziehen. Sie sind in jedem Punkt autonome Schöpfer. Sie bestimmen Ihr Schicksal selbst. Und wenn Sie sich selbst begegnet sind, wenn Sie also den extrem anderen Teil von sich integriert haben und eins geworden sind, was bleibt dann noch zu tun? Sie haben die Aufgabe Partnerschaft gelöst. Sie haben erkannt, alle Partnerschaft, die einen Anfang hat, hat ein Ende.

Das heißt, eine Partnerschaft mag mit einer noch so großen Verliebtheit beginnen, irgendwann muss sie enden, denn sie hat einen Anfang, also hat sie auch ein Ende. Und sie hat einen inneren Sinn, und wenn der erfüllt ist, löst sie sich auf. Aber es gibt eine Partnerschaft, die keinen Anfang hatte, nämlich die Partnerschaft mit sich selbst. Deswegen hat diese Partnerschaft auch kein Ende. Sie war immer – sie ist – sie wird immer sein.

Wenn Sie also den letzten Schritt Partnerschaft gelöst haben, die letzte Aufgabe, die Partnerschaft mit sich selbst, was kommt dann? Dann erst haben Sie sich als Aufgabe gelöst. Dann können Sie den Blick heben und sind bereit eine Aufgabe in der Schöpfung zu übernehmen. Dann beginnt ein ganz neues Leben, eine ganz neue Art zu leben. Bis dahin waren Sie durch unzählige Inkarnationen sich selbst die Hauptaufgabe, Sie hatten mit sich zu tun. Dann haben Sie diese Aufgabe gelöst und sind bereit eine größere Aufgabe zu übernehmen, eine Aufgabe in der Schöpfung – als Lehrer, als Schutzengel, als was auch immer. Die Aufgaben werden immer größer, das Gebiet, die Verantwortung wird immer größer. Aber die Voraussetzung ist, dass Sie nicht mehr mit sich zu tun haben. Sie können dann nicht sagen, wenn Sie eine Aufgabe in der Schöpfung übernehmen, jetzt habe ich keine Zeit, ich habe gerade eine Auseinandersetzung mit mir, oder ich bin heute schlecht gelaunt. Das geht dann nicht mehr, dann bin ich in mir klar.

Ich erinnere mich noch, als ich vor Jahren einmal in einem Augenblick des Übermuts dachte, wenn das so weitergeht, dann bin ich bald erleuchtet. Und dann habe ich den inneren Meister einmal gefragt, was passiert denn dann, wenn ich erleuchtet bin? Und in seiner geduldigen, liebevollen Art antwortete die Stimme: ‚Wenn du den Zustand erreicht hast, den du Erleuchtung nennst, dann hast du die Mindestvoraussetzung dafür geschaffen, dass dir eine erste kleine Aufgabe in der Schöpfung übertragen werden kann.' Und dann habe ich gewusst, das, was mir als hohes Endziel da irgendwo vorschwebt, das war nur eine Zwischenprüfung, ein Anfang, ein Anfang für das Eigentliche. Aber bis dahin sind vielleicht noch ein paar Schritte zu tun. Und das sollten wir uns einmal vor Augen halten, was ist möglicherweise in meiner Partnerschaft noch zu tun?

Also, zunächst einmal müssen wir uns von einer anderen liebgewordenen Vorstellung trennen, Liebe alleine reicht nicht. Erstens hat Sie kaum jemand erreicht, kaum jemand liebt wirklich den anderen. Wir brauchen einander. Die wenigsten wissen, was das eigentlich ist – Liebe. Aber selbst wenn, das alleine reicht nicht aus. Eine Partnerschaft braucht eine gemeinsame Aufgabe. Sobald diese Aufgabe entweder gelöst ist oder sich nicht mehr erfüllen lässt, ist die Partnerschaft vorbei. Und das sollten wir uns bewusst machen.

Liebe ist kein Ersatz für eine Aufgabe. Also, was ist denn der innere Gehalt Ihrer Partnerschaft? Was ist die Aufgabe, die Lektion oder das Geschenk? Wie auch immer, was ist die Substanz Ihrer Partnerschaft? Was geschieht da noch? Oder kann noch geschehen? Oder ist geschehen? Sie haben einen Grund zusammen zu sein. Es sei denn, der andere ist Ihr Seelenpartner, ist der andere Teil von sich selbst.

Machen Sie sich einmal bewusst, was dieser Inhalt Ihrer Partnerschaft ist. Vielleicht wollen Sie miteinander Kinder haben, wollen die aufziehen. Vielleicht wollen Sie miteinander ein Haus bauen oder eine Firma schaffen, oder miteinander die Liebe erleben. Irgendeinen Inhalt hat Ihre Partnerschaft. Sobald dieser Inhalt vorbei ist, hat diese Partnerschaft keinen Sinn mehr. Und auf diesem Weg brauchen Sie noch etwas, damit Ihre Partnerschaft Bestand haben kann, was sehr wenig bekannt ist, aber ohne das eine Partnerschaft auf die Dauer nicht haltbar ist, und das ist Bewunderung.

Kann ich meinen Partner bewundern? Sobald das aufhört, oder nie war, wird es kritisch. Diese Bewunderung hält uns zusammen, denn sie zeigt mir, da ist noch etwas, ein Schritt, den ich tun kann mit dem anderen. Ich brauche also Bewunderung, eine gemeinsame Aufgabe und als drittes, damit es haltbar wird, Verständnis für den anderen, auch wenn ich ihn nicht verstehe.

Wenn ihre Partnerin oder ihr Partner zu Ihnen sagt: ‚Du verstehst mich nicht!', dann können Sie ihm sagen: ‚Noch nie hat ein Mensch einen anderen wirklich verstanden.' Denn noch nie hat einer die gleichen Erfahrungen gemacht, die gleichen Ansichten gehabt. Das geht gar nicht.

Ein indianisches Sprichwort heißt: ‚Verurteile nie jemanden, ehe du einen Mond lang in seinen Mokassins gegangen bist.' Und da das nicht geht, dass man in den Schuhen des anderen gehen kann, das Leben des anderen leben kann, sollte man niemanden verurteilen, sollte über niemanden urteilen.

Aber auch wenn ich ihn nicht verstehen kann, manchmal glaube ich ihn ja zu verstehen, aber selbst wenn ich ihn nicht verstehen kann, kann ich Verständnis haben, kann ich Achtung haben und den anderen so akzeptieren, wie er ist. Eine Partnerschaft, die auf diesen drei Säulen ruht, die hat Bestand, und die hat alle Chancen glücklich zu werden.

Und so können wir allmählich über diese Partnerschaft der wahren Liebe begegnen. Denn die wahre Liebe braucht keinen gegenüber mehr. Wir glauben immer, Liebe ist an ein Gegenüber gebunden, an einen Partner. Wir sagen sehr leicht, ich liebe dich, meinen aber eigentlich, ich brauche dich, oder ich habe dich gerne, ich bin froh, dass du bei mir bist. Oder noch viel öfter meinen wir, wenn wir sagen ‚ich liebe dich', du machst mich leben, du versetzt mich in diesen Zustand der Liebe, aber deswegen liebe ich ja noch nicht.

Wenn ich allmählich reif bin für die wahre Liebe, dann kann ich die Partnerschaft loslassen, denn die wahre Liebe hat keinen Gegenüber mehr. Die wahre Liebe ist ein Zustand, keine Beziehung zu jemandem oder zu etwas. Und natürlich schließt die wahre Liebe nichts und niemanden aus. Dann kann ich nicht mehr sagen, ich liebe dich, denn damit sage ich ja auch, dich liebe ich nicht und dich liebe ich nicht, ich liebe nur dich. Und das ist natürlich noch keine sehr vollkommene Art zu lieben, selbst wenn es stimmt.

Erst wenn ich sage ‚ich liebe', und es stimmt, dann bin ich in der Liebe. Und dann sage ich nicht mehr ich liebe dich, oder das, oder den. Dann liebe ich, dann bin ich ein Liebender geworden. Das heißt, dass ich in allem, in jedem und allem immer den Einen erkenne – das eine göttliche Bewusstsein. Und dann erkenne ich, ich habe immer nur einen geliebt, mich selbst, das Selbst, Gott. Und dann bin ich in der Liebe. Und das ist das Ende der Partnerschaft.

Wie kommen wir aber dahin? Vielleicht wollen Sie auch gar nicht dahin? Vielleicht sagen Sie auch, es ist jetzt viel schöner, ohne Gegenüber will ich gar nicht. Da lasse ich mir lieber noch ein paar Inkarnationen Zeit. Gut, wenn Sie wollen, lassen Sie sich Zeit. Aber was auf Sie wartet ist die Glückseligkeit, die weit über die Möglichkeiten hinausgeht, die eine Partnerschaft bietet.

Und so lernen wir über die Partner zur Liebe zu finden. Der Partner ist mir also Hilfe und ich bin ihm Hilfe, um in diese Liebe zu finden, die letztlich kein Gegenüber mehr braucht. Und auf dem Weg dahin brauche ich eins, nämlich

Achtsamkeit.

Zum Beispiel haben wir heute morgen gesagt, nur noch Wortgeschenke machen. Ich darf Sie daran erinnern: Sie brauchen es nur mal einen Tag lang ausprobieren, es ist anstrengend genug. Einen Tag vorher immer zu prüfen: Ist das, was ich dem anderen jetzt sagen will, zu diesem Zeitpunkt, in dieser Form für ihn ein Geschenk? Und es fertig zu bringen, wenn ich zu dem Ergebnis komme, das ist kein Geschenk, das nicht zu sagen. Einen Tag lang – das wäre eine schöne Übung. Und irgendwann einmal, weil es so schön ist, immer nur noch Wortgeschenke machen.

Aber wir können nicht nur Wortgeschenke machen, wir können dem anderen viele Arten von Geschenken machen. Da gibt es auch noch Zeitgeschenke, dass ich die Dinge zum richtigen Zeitpunkt tue. Vielleicht möchten Sie etwas mit dem anderen besprechen, aber Sie wissen, das wäre nicht der richtige Zeitpunkt. Zum Beispiel gibt es eine Standartsünde, die Frau ist den ganzen Tag alleine mit ihren Gedanken und Gefühlen und wartet darauf, dass der Mann nach Hause kommt. Und jetzt, er ist müde, hat einen anstrengenden Tag hinter sich und möchte sich jetzt zu Hause erholen, und jetzt kommt die Frau und über-schüttet ihn mit Dingen was da alles passiert ist, was die Kinder gemacht haben, was die Nachbarn gesagt haben, wer vorbei gekommen ist, wer angerufen hat, … Und der Mann möchte am liebsten sagen: ‚Nein, aufhören, Schluss, ich will nichts hören.'

Und die Frau hat sich die ganze Zeit auf ihn gefreut und ist jetzt enttäuscht, und er möchte sie nicht enttäuschen, also hört er zu, aber nicht gerne. Also quält er sich, und sie merkt, dass er sich quält, das ist für sie eine Quälerei, dann hat keiner was davon. Und dann sagt man, irgendwie ist das mit dir gar nicht mehr schön. Ich habe mich so auf dich gefreut. Und er weiß auch nicht was schief gelaufen ist, er hätte ihr ja gerne zugehört, wenn sie irgendwas anderes gesagt hätte. Das wäre also der richtige Zeitpunkt.

Manche wollen also nicht gleich nach dem Heimkommen überfallen werden, mit anderen kann man nach dem Aufstehen nicht reden oder vor halb elf, andere wieder haben die Angewohnheit Dinge beim Essen zu besprechen. Das ist natürlich der denkbar ungünstigste Zeitpunkt. Natürlich ist der praktisch, da kommt man zusammen, da sitzt man sich gegenüber, da wäre Gelegenheit, man hat Zeit, der andere kann nicht weglaufen, der kann auch nicht gleich was sagen, er hat ja den Mund voll … Es ist scheinbar alles so günstig, und trotzdem ist es der dümmste Augenblick. Der andere möchte am liebsten aufstehen, das Essen bekommt ihm nicht mehr, der ist satt, der ist voll, bevor er satt ist.

Alles das können wir vermeiden, wenn wir in der Achtsamkeit sind, wenn wir behutsamer, liebevoller miteinander umgehen. Und vielleicht denken Sie jetzt, das ist so kompliziert, da muss man ja an so vieles denken, da weiß man ja nie, ob man richtig gedacht hat, vielleicht hätte der andere gerne und man meint nur er möchte nicht …

Das erinnert mich an die Geschichte von dem Ehepaar, das goldene Hochzeit hatte, und sie saßen beim Frühstück, 50 Jahre verheiratet, und er sagt: ‚Schatz, kann ich dir zu unserem heutigen Ehrentag irgendeinen Gefallen tun?' Und sie sagt: ‚Ja, also, wenn du mich so fragst, ja. Ich würde heute gerne mal die Oberseite vom Brötchen haben. 50 Jahre lang habe ich dir immer die Oberseite gelassen und habe mich mit der Unterseite begnügt, aber heute, wenn du mich fragst und wenn du mir das Geschenk machen willst, da würde ich gerne mal die Oberseite essen.' Und er sagte: ‚Was? 50 Jahre lang hätte ich gerne die Unterseite gehabt und habe sie dir immer gelassen, weil ich dachte, wenn du die Unterseite nimmst, dann will ich sie dir auch lassen.' Sie hätten nur miteinander reden brauchen. Das Problem hat überhaupt nicht existiert.

Und das ist genau das, was ich nur immer wieder anregen kann: Sprechen Sie miteinander. Wenn Sie nicht wissen, wann der richtige Zeitpunkt für etwas ist, fragen Sie den anderen. Sagen Sie, ich möchte gerne etwas mit dir besprechen, es geht um das und das, wann? Wann ist der richtige Zeitpunkt? Wann möchtest du? Und dann kann man miteinander herausfinden, wann der richtige Zeitpunkt ist. Natürlich muss ich den anderen nicht unbedingt nachts um zwei wecken und sagen: ‚Schatz ich habe was mit dir zu besprechen, wann ist der richtige Zeitpunkt?' Finden Sie heraus, wann für Sie der richtige Zeitpunkt ist, aber sprechen Sie einfach miteinander.

Ein anderer Punkt in der Achtsamkeit und in der idealen Partnerschaft ist die Rechenschaftspflicht. Was muss ich dem anderen sagen? Muss ich dem anderen sagen, wo ich bin? Wo ich war? Was ich heute gemacht habe? Wem ich begegnet bin? Wie handhaben Sie das? Erwartet Ihr Partner von Ihnen, dass Sie ihm das sagen? Und was? Und warum eigentlich?

Teilnehmerin: *Ich für meinen Teil führe das gar nicht ein, weil ich das zu Hause bei meinen Eltern miterlebt habe. Ich lasse meinen Partner, ich frage ihn nicht, weil, wenn er mir was sagen will, dann erzählt er mir das eh. Ich frage meinen Partner nicht, und wenn er anfängt mich zu fragen, dann sage ich ihm auch, dass ich ihm schon das erzähle, was ich ihm erzählen möchte, also braucht er mich nicht zu fragen.*

Kurt Tepperwein: Und was würden Sie ihm denn erzählen?

Teilnehmerin: *Das, was ich glaube, was für ihn und für mich irgendwie wichtig ist.*

Kurt Tepperwein: Könnte es nicht sein, dass Ihr ganzes Leben für ihn und für Sie wichtig ist?

Teilnehmerin: *Ja, aber es gibt Bereiche auch zum Beispiel, die ich zuerst einmal verarbeiten muss, bevor ich sie überhaupt so weit konkretisieren kann. Wenn ich das sofort erzählen muss, wenn mich der Partner fragt, dann habe ich das unter Umständen noch nicht verarbeitet und es kommt dann unfertig oder halb heraus.*

Kurt Tepperwein: Also, wenn Sie was erzählen müssen, dann ist es auf jeden Fall verkehrt. Wir sollten jedes Muss in einer Partnerschaft auflösen. Also schauen Sie gleich einmal hin, ob Sie irgendwo müssen. Oder ob der andere ganz selbstverständlich erwartet, dass das geschieht? Was könnte das zum Beispiel sein, was der Partner erwartet, wo Sie das Gefühl haben, hier muss ich mehr oder weniger? Kommt das bei Ihnen nicht vor?

Teilnehmerin: *Ich entziehe mich dem. Ich merke ganz genau, dass er will, dass ich ihm sage, wo ich am Abend vorher war. Aber ich mache das ganz bewusst nicht.*

Kurt Tepperwein: Irgendwann einmal ist Ihr Miteinander so gereift, dass Sie einfach alles miteinander teilen möchten, ohne zu müssen. Das es also keine Pflicht ist, dass Sie sogar die Dinge, die noch nicht gereift sind, leichter mit Ihrem Partner bewegen und klären können, als alleine. Dann ist der Partner nicht eine Begrenzung, sondern eine Bereicherung, aber das muss natürlich erst wachsen und werden.

Ein beliebter Streitpunkt ist das Geld. Menschen haben, Mann und Frau sowieso, unterschiedliche Sichtweisen, und natürlich ist das Geld keine Ausnahme. Nun ist bei den meisten das sowieso begrenzt, der größte Teil des vorhandenen Geldes geht drauf, indem die Miete bezahlt wird und man Essen kauft, und Kleidung, und was eben so sein muss. Der Betrag der monatlich zur Verfügung steht, der ist ja begrenzt, aber ganz gleich, er will vielleicht dann von diesem begrenzten Betrag einen Spoiler für sein Auto kaufen, und sie hätte gerne neue Gardinen. Und schon ist man wieder in der unterschiedlichen Sichtweise. Wie gehen Sie also damit um? Wie lösen Sie das? Einen Monat kriegt der einen Spoiler, im anderen Monat Sie die Gardinen, oder wie machen Sie das?

Teilnehmerin: *Halber Spoiler, halbe Gardinen.*

Kurt Tepperwein: Das sind zwei halbe Sachen, das werden Sie wahrscheinlich nicht tun. Also, auch da sollten Sie eine praktikable Lösung finden. Nur: Wie könnte die aussehen? Ist das kein Problem oder haben Sie einfach keine Lösung dafür?

Teilnehmerin: *Ich war noch nicht damit konfrontiert.*

Kurt Tepperwein: Dann liegt das ja noch vor Ihnen. Und wie werden Sie damit umgehen? Am liebsten gar nicht?

Teilnehmerin: *Ich habe noch nie mit wem zusammen gelebt, und darum weiß ich es nicht.*

Kurt Tepperwein: Gut, dann probieren Sie es erstmal aus. Wie sieht es bei Ihnen aus, Sie haben Erfahrung?

Teilnehmer: *Ja, aber in der Richtung eigentlich auch nicht, muss ich sagen. Das hat sich nie so gestellt, in der Form.*

Kurt Tepperwein: Sondern, wie stellt es sich?

Teilnehmer: *Ja, wenn etwas angeschafft werden muss, dann sind wir uns einig.*

Kurt Tepperwein: Das ist natürlich auch ein Weg. Das heißt also, hier gibt es auch wieder den Weg der Kommunikation, dass wir jeden Streitpunkt im Miteinander lösen. Schauen wir einmal hin, ob es jetzt irgendeinen schwierigen Punkt in unserer derzeitigen Partnerschaft gibt, oder in einer Partnerschaft geben könnte, mit dem wir noch nicht umgehen können. Könnten Sie sich eine Situation vorstellen, die Ihnen in einer Partnerschaft noch Schwierigkeiten machen könnte?

Teilnehmerin: *Die Sexualität. Ich habe das Gefühl, durch meine Entwicklung ist die Sexualität ...*

Kurt Tepperwein: …bedeutungslos geworden?

Teilnehmerin: *Und für meinen Mann ist das doch noch sehr wichtig und es ist sehr, sehr schwierig.*

Kurt Tepperwein: Lassen Sie ihn doch. Ja, wo ist das Problem? Sie können ihm doch nicht nur Wortgeschenke und Zeitgeschenke machen, Sie können ihm doch auch sich zum Geschenk machen. Selbst wenn Sie es nicht brauchen. Stört es Sie?

Teilnehmerin: *Ja.*

Kurt Tepperwein: Und was daran? Ist das zu animalisch? Zu roh? Zu tierisch? Zu unentwickelt? Zu wenig spirituell?

Teilnehmerin: *Nein, dann vergewaltige ich mich selbst.*

Kurt Tepperwein: Ja, gut, und wenn das so ist, warum tun Sie es?

Teilnehmerin: *Nein, ich tue es ja nicht, aber er kann das nicht akzeptieren.*

Kurt Tepperwein: Gut, Sie müssen damit rechnen, dass er das Bedürfnis hat, und dass er dieses Bedürfnis dann irgendwo anders stillt.

Teilnehmerin: *Das ist mir egal.*

Kurt Tepperwein: Und worin besteht jetzt das Problem?

Teilnehmerin: *Er ist unglücklich mit der Situation.*

Kurt Tepperwein: Ja, aber das ist doch kein Problem. Er ist doch nur unglücklich mit der Situation. Und vielleicht ist dieses Unglück genau das, was jetzt ganz idealer Weise in dieser Situation geschehen soll? Der eine ist eben körperlich abgeklärt und der andere ist es nicht, und daraus entsteht eine Spannung und eine Aufgabe, und irgendwie muss man damit umgehen. Also, entweder kann er diesen Schritt auch vollziehen, oder er findet eine andere Lösung, aber er muss auf jeden Fall damit umgehen. Es sei denn, Sie vergewaltigen sich, dann braucht er nicht damit umgehen, dann müssen Sie damit umgehen. Und letztlich können Sie das auf die Dauer nicht aushalten, ohne unglücklich zu werden. Also, da ist eine Aufgabe, die zu lösen ist. Nur Sie denken immer, es ist etwas falsch, wenn jemand unglücklich ist. Und das sehe ich nicht so. Es ist vielleicht genau das, was das Leben will.

So wie Nada gesagt hat, dass Schmerz irgendwo unverzichtbar sein kann als wichtige Erfahrung, so kann das Unglück zu irgendeinem Zeitpunkt die Triebfeder sein für einen Entwicklungsschritt. Also, es muss nicht verkehrt sein, wenn einer unglücklich ist. Es muss auch nicht das Miteinander beenden. Sie könnten Hand in Hand damit umgehen, Sie könnten sagen: ‚Schau, so ist das bei mir. Also, was soll ich tun? Willst du, dass ich mich vergewaltige? Wenn du mich nur ein bisschen gerne hast, du musst mich noch nicht einmal lieben, dann kannst du das nicht von mir erwarten. Und umgekehrt habe ich Verständnis für dich.'

Dass das nicht gleichzeitig ist, es wäre schön, wenn bei beiden langsam die Flamme erlöscht und ein geistiges Licht leuchtet und es gibt keine Probleme, aber vielleicht ist diese Spannung genau richtig. Also, wie gehen wir miteinander damit um? Und das kann sogar eine Beziehung vertiefen.

Ich habe eine ganze Reihe solcher Beziehungen in meiner Praxis kennen gelernt, die dadurch erst eine Tiefe erreicht haben, die sie in 20 – 25 Jahren Ehe nicht hatten. Die Chance liegt jedenfalls darin, dass das Miteinander in eine neue Dimension eintritt. Solange es gut geht – miteinander zu sein, ist schon schwierig genug, aber es geht. Aber wenn es wirklich schwierig wird, oder scheinbar unlösbar, dann weiter miteinander zu gehen, dass fordert einen ganz, und das kann wirklich ein Geschenk werden.

Teilnehmerin: *Gibt es so etwas wie Schuld in dieser Beziehung?*

Kurt Tepperwein: Nein, Schuld gibt es in dieser Beziehung nicht, es gibt nur Schuldgefühle in einer solchen Beziehung. Und die basieren wieder auf einer Illusion. Niemand kann die Partnerschaft eines anderen stören. Niemand kann in eine gesunde Partnerschaft eindringen. Einer von beiden muss es zugelassen haben, und dann war diese Partnerschaft eben nicht in Ordnung. Und dann gehört es zu dieser Partnerschaft, dass der andere eindringt. Entweder die Partnerschaft gesundet daran, oder zerfällt. Schuldgefühle brauchen Sie nie entwickeln.

Durch Ihr Erscheinen zeigt sich, ob die Partnerschaft gesund ist oder überfällig, wie in der Natur. Da umkreist der Wolf die Herde und er nimmt sich das Tier, was alt, schwach, krank ist, was eben nicht mehr stimmt. Genau so ist es, wenn ein dritter in eine Partnerschaft einbricht. Er kommt gar nicht erst rein, wenn die beiden eins sind. Wenn er aber rein kommt, zeigt es, die beiden waren nicht mehr eins. Und jetzt sind Sie dieser Partnerschaft Chance, denn die beiden können sich ja der Aufgabe stellen und können die lösen, und die Partnerschaft ist gesünder als vorher. Dann haben Sie eine wunderbare Aufgabe erfüllt. Oder aber es zeigt sich, die Partnerschaft ist morsch, sie hält diese Belastung nicht mehr aus, sie zerfällt, sie zerbricht, dann haben Sie auch eine gute Aufgabe erfüllt. Eine Schuld ist in keinem Augenblick entstanden. Seien Sie frei von Schuldgefühlen, die basieren auf einer Illusion. Eine gesunde Partnerschaft kann man nicht stören.

Teilnehmerin: *Und was ist zum Beispiel, wenn mal als Frau zu einer Partnerschaft dazu kommt und der Partner möchte dann aber gerne mit beiden Frauen leben?*

Kurt Tepperwein: Das gibt es häufiger, dass der Partner dann mit beiden Frauen zusammen sein möchte, das ist ja für ihn eine ideale Situation, er hat eine gewisse Auswahl. Dann können Sie ihn einfach vor die Wahl stellen. Sie könnten ihm sagen: ‚Ich mag dich und du musst dich entscheiden.'

Teilnehmerin: *Aber setze ich ihn damit nicht unter Druck?*

Kurt Tepperwein: Überhaupt nicht, ich will ihn ja nicht besitzen. Sie sollten nicht wollen, dass er sich nur Ihnen widmet, Sie sollten wollen, dass er sich entscheidet. Dass er entweder dahin geht, oder zu Ihnen. Sie sollten ihm nicht die Pistole auf die Brust setzen, wenn du nicht bis dahin, dann gehe ich. Das ist ein Besitzanspruch, das sollten Sie tatsächlich nicht tun. Aber Sie sollten sagen, ich möchte nicht in so unklaren Verhältnissen leben, ich möchte Klarheit. Also, ich gebe dir so und so viel Zeit, und in dieser Zeit klärst du dich und entscheidest dich und kommst zu mir oder gehst zu ihr. Und dann ist es wieder klar.

Teilnehmerin: *Also, auf Dauer für die Partnerschaft nur einen Partner?*

Kurt Tepperwein: Nein, mit vielen, aber eine solche Beziehung, die zwischen zweien steht, die stimmt nicht. Man kann mit unterschiedlich vielen Partnern in unterschiedlichen Beziehungen stehen, das ist kein Problem, aber wo zwei Beziehungen kollidieren, wo es also um entweder oder geht, oder beide, aber auf der gleichen Ebene. Das ist wie eine Planstelle, die kann nur einmal besetzt werden. Und dann muss man sich entscheiden: Was stimmt jetzt? Und da sollten wir nicht sagen, ich will dich haben, sondern das, was stimmt, soll geschehen.

Teilnehmerin: *Manchmal kann man sich aber nicht entscheiden, aber dann muss ich.*

Kurt Tepperwein: Nein, Sie müssen gar nicht. Es kann sein, dass beide sagen, wenn du dich nicht entscheiden kannst, dann gehen wir beide weg. Dann bist du alleine. Dann ist die Situation wieder klar, die beiden haben sich entschieden. Ich habe es auch schon erlebt, dass die beiden Frauen zusammen gezogen sind und der Mann war draußen. Auch das kann passieren.

Nehmen wir wieder mal den Begriff des ‚stimmig seins' ins Bewusstsein. Es gibt so unterschiedlich viele Situationen in einer Partnerschaft. Ich brauche nur einen Maßstab haben: Stimmt es so oder stimmt es nicht? Und wenn es nicht stimmt, sollte ich es nicht tun. Oder ich sollte es stimmig machen. Und wenn ich nicht genau weiß, wie ist es stimmig, dann gehe ich einmal in diese Situation und spüre, stimmt das? Oder gehe in die andere Alternative, stimmt das? Wenn ich immer noch unsicher bin, kann ich den Armtest machen, dann weiß ich es.

Teilnehmerin: *Wieso geht das im Islam, wieso geht das in Marokko, dass der Mann dort vier Frauen hat? Und wir verlangen von einem Mann, dass er sich entscheidet.*

Kurt Tepperwein: Es geht ja in anderen Bereichen auch, dass ein Mann 100 Frauen hat, und mehr. Nur wir schauen das immer vom Mann aus an, wie sieht das denn für die 100 Frauen aus? Selbst wenn das ein ganz fleißiger Mann ist, kommt sie bestenfalls zwei mal im Jahr an die Reihe, und das mag ja auf die Dauer ein bisschen wenig sein. Also, wir müssen das nicht so einseitig sehen, dass es das gibt, sondern was stimmt daran.

Und Sie haben ja aus gutem Grund diese Zeit, und dieses Land und diesen Kulturkreis gewählt, weil der einfach ihnen entspricht. Sie waren vielleicht noch etwas unvorsichtig mit der Wahl Ihrer Zeit, Sie hätten zu einer anderen Zeit, oder zumindest in einem anderen Land inkarnieren sollen, da wäre das ja gar kein Problem gewesen. Aber denken Sie daran, wenn Sie in Marokko inkarniert hätten,

hätten Sie vier Frauen gehabt, Sie hätten aber auch vier Schwiegermütter gehabt. Das ist natürlich wieder die andere Seite der Medaille. Deswegen haben ja schon manche dafür plädiert, dass Bigamie nicht bestraft werden sollte, weil der ja mit zwei Schwiegermüttern schon bestraft genug ist, wobei man so gerne die Schwiegermutter daher nimmt, als Figur dafür. Man kann natürlich auch sehr viel Glück haben mir seiner Schwiegermutter, also ich habe sehr viel Glück gehabt.

Ich bin überhaupt sehr zufrieden mit dem Leben, aus dem einfachen Grund, weil ich Vertrauen habe in das Leben, dass das Leben es gut mit mir meint. Und weil ich dieses Vertrauen habe, meint es das Leben gut mit mir. Und viele Aufgaben stellen sich mir gar nicht erst.

Wir hatten zum Beispiel letzte Weihnachten eine Diskussion, und mit meinem Optimismus habe ich auch innerhalb meiner Familie da Widerspruch erregt, und jemand aus meiner Familie sagte mir dann: ‚Ja, was machst du dann, wenn du entführt würdest und würdest in eine Kiste gesperrt, bist gefesselt und wirst dann so und so behandelt. Da kannst du ja auch nicht einfach sagen, das Leben meint es gut mit mir und irgendwie wird sich das schon klären.' – ‚Nein, das kann sich tatsächlich nicht klären, aber ich komme nicht in eine solche Situation. Ich brauche mir keine Lösungen ausdenken für Aufgaben, die sich mir nie stellen werden. Das gehört nicht zu mir, also brauche ich dafür auch keine Lösung. Und würde sich diese Aufgabe mir stellen können, hätte ich eine Lösung.'

Und so sollten auch Sie sich keine Gedanken machen über Dinge, die eventuell unter gewissen Umständen möglicherweise vielleicht passieren könnten, sondern Sie sollten dafür sorgen, dass Ihr Leben stimmt, dass Sie ein stimmiges Leben führen. Und das heißt letztlich, dass

Sie allmählich die wichtigste Partnerschaft in Harmonie bringen, die Partnerschaft mit sich selbst. Dass Sie sich selbst ein guter Partner sind. Denn in dem Maße, wie Sie sich ein idealer Partner sind, kann im Außen die ideale Partnerschaft in Erscheinung treten. Und dazu habe ich ein paar Spielregeln für ein glückliches Miteinander zusammengestellt. Die möchte ich Ihnen jetzt geben, und dann schauen wir uns das einmal miteinander an und gehen dann in eine glückliche Partnerschaft.

Also, da ist der erste Punkt: Nicht mit einer bestimmten Vorstellung in eine Partnerschaft gehen.

Teilnehmerin: *Und wenn ich eine Macke habe, die ich nicht so richtig akzeptiere?*

Kurt Tepperwein: Wenn sie glauben eine Macke zu haben, die Sie nicht so richtig akzeptieren können, dann sollten Sie erkennen, dass diese Macke keine Macke ist, sondern eine Eigenheit, eine persönliche Besonderheit, und dass diese persönliche Besonderheit einen Grund hat, eine Berechtigung hat da zu sein, eine Notwendigkeit hat da zu sein.

Vielleicht ist sie eine Aufgabe oder eine Herausforderung oder was auch immer, aber es ist wichtig, dass sie da ist. Wenn Sie das erkannt haben, dann können Sie mit dieser so genannten Macke umgehen, können die Aufgabe lösen und sind wieder einen Schritt weiter. Und dann war die Macke kein Fehler, sondern eine wichtige Voraussetzung für diesen Schritt, und deswegen gut. Schauen Sie doch mal, ob es da noch irgendeinen Punkt gibt, wo Sie ein ergänzendes Wort brauchen.

Spielregeln für ein glückliches Miteinander. Punkt fünf:

mich durchsetzen, recht haben, gewinnen wollen. Wenn in einer Auseinandersetzung einer gewinnt, haben beide verloren. Das heißt, wenn Sie noch in der Dualität denken und recht behalten wollen, sich durchsetzen wollen, wenn es also zu Machtkämpfen kommt, zu Auseinandersetzungen, die so ausgehen, dass einer gewinnt, einer behält recht. Wenn einer recht behält, haben beide verloren, weil sie beide nicht in Harmonie sind damit. Deswegen hören Sie auf gewinnen zu wollen, überlegen sein zu wollen, siegen zu wollen. Das ist uns anerzogen worden, schon in sportlichen, harmlosen Wettkämpfen gibt es einen Sieger und die anderen sind eben Verlierer, aber das ist verkehrt.

Bei der Lösung eines Problems, bei der nicht alle Beteiligten gewinnen, ist es keine Lösung. Ein Geschäft, bei dem nicht alle Beteiligten gewinnen, ist kein Geschäft. Wir müssen also erkennen, es kommt nicht mehr darauf an zu siegen, sich durchzusetzen, recht zu behalten, sondern das Richtige zu tun. Und das Richtige ist für alle Beteiligten ein Gewinn. Und dann gibt es keine Verlierer mehr.

Oder Punkt zwölf: keine Schuldzuweisungen. Da gibt es das beliebte Du-Spiel, das heißt deswegen so, weil es immer mit ‚du' anfängt und das Wort ‚du' kommt dann oft darin vor. *Du* machst immer das und das, und wenn *du* das nicht tun würdest, dann ginge es mir viel besser und dann könnte ich auch, aber nur weil *du* das nicht machst, kann ich das nicht – wenn *du* endlich mal aufhören würdest, *du* müsstest endlich mal einsehen …

In Indien gibt es ein Sprichwort: ‚Wer mit einem Finger auf einen anderen zeigt, zeigt mir drei Fingern auf sich selbst.' Also, wann immer Sie in dieses Du-Spiel geraten und sich dessen bewusst werden, sollten Sie sofort aufhören. Und das ist das einzige Mal, wo jeder Satz mit ‚ich' anfangen sollte. Nicht: ‚Wenn du das tust, verletzt du mich',

20 Spielregeln für ein glückliches Miteinander

1.) Wir sollten nicht mit einer bestimmten Vorstellung in eine Partnerschaft gehen, sonst suchen wir nur die Verwirklichung unserer Vorstellungen und nicht die Wirklichkeit. Dann bin ich nicht offen, sondern suche, was meiner Meinung nach zu sein hat. Ich halte das dann für normal – und alles andere für falsch.

2.) Wir können versuchen, alle Erwartungen loszulassen, wie der Partner zu sein hat. Den Anderen sollten wir weder erziehen, noch in irgend einer Weise ändern wollen. Wir sollten erkennen: Ich habe keinen Anspruch auf den Anderen – auch nicht auf ein bestimmtes Verhalten. Ich werde selbst ein immer idealerer Partner.

3.) Wir sollten keine Bedingungen oder Forderungen an die Liebe stellen, keine bestimmten Voraussetzungen vom Partner verlangen, zum Beispiel den Satz: „Ich liebe dich aber nur, wenn ..."

4.) Achtsam und achtungsvoll sein und dem entsprechend auch miteinander umgehen.

5.) Mich nicht auf Biegen und Brechen durchsetzen oder unbedingt Recht haben oder gewinnen wollen. Wenn in einer Auseinandersetzung nur einer gewinnt, dann haben letztlich alle beide verloren!

6.) Wir sollten keine Rollen spielen, keine Masken aufsetzen. Viel angenehmer ist es für alle, wenn wir echt, ehrlich und authentisch sind.

7.) Sie können sich durchaus auch anpassen, aber bitte ohne sich selbst aufzugeben.

8.) Sie sollten autonom werden. Das heißt: Sie sollten den Anderen wirklich lieben und ihn nicht brauchen.

9.) Sie können Verständnis für den Partner haben, auch ohne ihn zu verstehen.

10.) Sie sollten nicht richten, sondern den anderen aufrichten und auch ausrichten.

11.) In ständiger Kommunikation mit dem Anderen sein, belebt die Liebe. Die unterschiedlichen Bedürfnisse können Sie so klären und sich darüber einigen.

12.) Sie sollten keine Schuldzuweisungen vornehmen (das berühmte Du-Spiel), denn der Andere hat nie etwas mit den eigenen Problem zu tun. Er ist immer nur ein Spiegel für einen Mangel in mir. Er hilft mir, diesen Mangel zu erkennen und zu beseitigen.

13.) Sie sollten nicht „reagieren", sondern „agieren".

14.) Sie sollten den Anderen nicht besitzen wollen. Kein Mensch kann einen anderen besitzen. Wir sind alle frei.

15.) Es ist nicht nötig, dem anderen Versprechen abzuverlangen. Es ist unnötig und sinnlos zu fragen: „Wirst du mich auch immer lieben?"

16.) Sehr wichtig: Mich selbst lieben, mir selbst mein

bester Freund sein. Ich kann den Anderen nur in dem Maße lieben, wie ich mich Selbst lieben kann.

17.) Das Ziel ist ein Leben in der Liebe und damit im TAO. Wer zuerst da ist, hat „gewonnen", hat sich Selbst (wieder) gewonnen und kann dem Anderen helfen, auch zu sich selbst zu finden.

18.) Dankbar sein. Dankbar sein für die Zeit eines glücklichen Miteinanders.

19.) Segensreich leben für ein erfülltes Miteinander.

20.) Das liebevolle Miteinandersein als „Perle der Weisheit" betrachten und es erfüllt leben.

sondern: ‚Ich bin verletzt in der und der Situation, oder durch das und das', oder: ‚Ich kann nicht damit umgehen, wenn das und das geschieht.' Aber von mir ist die Rede. Ich bin derjenige, der nicht zurecht kommt, und ich bitte dich um Hilfe. Wie können wir damit umgehen? Das ist der Punkt zwölf.

Teilnehmer: *Und Punkt zehn?*

Kurt Tepperwein: Nicht richten, sondern aufrichten und ausrichten. Nicht richten heißt: nicht urteilen. Das wäre wieder das Du-Spiel. Du machst das falsch, du hast unrecht, sondern ein Richter, so wie er früher war, wie er gedacht ist, ist nicht einer, der eine Strafe ausspricht über jemanden, das ist ein Verurteiler. Sondern ein Richter ist einer der richtet, eben der den anderen wieder aufrichtet, wenn der nicht zurecht kommt. Oder wenn er zu kompliziert denkt, oder Schwierigkeiten hat mit dem Leben, der sein Bewusstsein klärt und es ausrichtet. Der dem anderen also hilft, wieder klar zu sehen, wieder zur Einsicht zu kommen. Das ist einer, der aufrichtet und ausrichtet, anstatt zu verurteilen.

Und am schönsten ist natürlich Punkt siebzehn. Das ist das Ziel, ein Leben in der Liebe, im Tao, das heißt im Sein. Ich bin mir bewusst: Ich bin, ich war immer und werde immer sein, und ich ruhe in diesem Sein. Ich nehme dieses Sein als Geschenk, lasse das Leben durch mich geschehen. Ich weiß, ich bin das Ziel. Ich brauche also nicht an mir arbeiten, mich bemühen, vorwärts kommen, irgendwo hin wollen. Ich kann in jedem Augenblick in dieser Gewissheit in mir ruhen. Und wer zuerst da ist, der hat gewonnen, der hat nämlich sich selbst gefunden, und damit Gott. Und damit ist er in die Einheit, ins Tao, ins Sein zurückgekehrt und kann dem anderen helfen, auch zu sich selbst zu finden.

Und das ist der letzte Liebesdienst, den man dem anderen in einer Partnerschaft erweisen kann. Wenn ich mich gefunden habe, wenn ich ganz ich selbst geworden bin, kann ich dem anderen noch helfen diesen Schritt zu tun. Und dann brauchen wir uns nicht mehr, und das ist das Schöne. Sobald Sie keinen Partner mehr brauchen, dann, und erst dann, sind Sie bereit für den Richtigen. Und dann geschieht das Richtige, weil Sie endlich frei sind, weil die Liebe Freiheit braucht. Gibt es noch eine Frage? ....

Dann sollten Sie jetzt in der Lage sein, an diesem Tag Ihre Partnerschaft wirklich zu heilen. Derjenige zu sein in Ihrer Partnerschaft, der die Dinge in Ordnung bringt, der den Schritt tut in die Liebe, ins Tao, ins Sein. Und aus diesem Sein heraus stimmig lebt, als Geschenk für sich, für seinen Partner und für jeden Menschen, der ihm begegnet.

Ich bedanke mich, dass Sie so gut mitgegangen sind. Es war eine Freude zu sehen, wie es geschehen ist. Und wir freuen uns, dass wir dabei ein bisschen behilflich sein durften. Danke sehr. Alles gute für Ihre glückliche Partnerschaft in Zukunft. Auf Wiedersehen.

Herz-Meditation

Ich lasse mich ganz behutsam in mich hinein sinken, kann mich vertrauensvoll meinem Inneren zuwenden, und ich sinke ganz behutsam in mich hinein. Ich gestatte mir in meine Tiefen zu gehen, in meinem Tempo immer tiefer, und ich spüre, wie mich etwas trägt, wie mich etwas führt und leitet. Und ich folge dieser Führung.

Und ich lasse mir jetzt die stärkste und wichtigste Verbindung, die ich derzeit habe, zeigen. Mir wird jetzt einfach die Verbindung bewusst, die für mich jetzt am wichtigsten ist. Und ich schaue hin, wie uns ein geistiges Band verbindet. Und ich schaue hin, wo dieses Band bei mir entspringt. Kommt dieses Band aus meinem Herzen? Aus meinem Bauch? Aus meinem Kopf? Oder kommt es aus einer Zeit, die längst vergangen ist? Wo entspringt bei mir dieses Band und wo erreicht es den anderen?

Und ich schaue mir an, ob die Liebe, die dort fließen will, frei fließen kann. Und ich schaue, wo es in diesem Band Verengungen gibt oder Knoten.

Ich schaue mir jetzt eines dieser Hindernisse an, schaue einfach, wo dort eine alte Wunde liegt, wo eine alte Verletzung ist. Und wenn ich will, lasse ich mir die Situation, in der sie entstanden ist, jetzt zeigen. Lasse einfach die Situation jetzt aufsteigen, in der ich damals verletzt wurde, und schaue mir an, weshalb ich das erlebt habe.

Ich spüre mich, wie ich jetzt bin, viel stärker und reifer als damals, und wie ich durch mein jetziges so sein diese

Verletzung einfach zur Heilung bringen kann. Ich schaue einfach zu, wie sich die Wunde schließt und wie die Liebe diese Verletzung heilt. Und ich lasse einfach dieses Band der Liebe, das zwischen uns ist, immer stärker werden, lasse die Liebe aus mir in dieses Band fließen, so dass es alle Verengungen und Hindernisse, die da vielleicht sind, einfach auflöst, so dass die Liebe ganz frei fließen kann.

Jetzt schaue ich, wie die Verbindung von meinem Partner zu mir aussieht. Wo gibt es bei ihm Schwierigkeiten? Wo kann ich ihm helfen, dass auch er seine Liebe frei fließen lassen kann? Und wenn ich will, mache ich ihm Mut und helfe ihm, reiche ihm meine Hand, so dass unsere Bänder sich vereinigen und zu einem starken Band der Liebe werden.

Und ich spüre jetzt, wie kosmische Energie in mich ein-fließt, von oben fließt kosmische Energie in mich ein, fließt durch mich durch und in dieses Band der Liebe, und fließt durch mich, durch dieses Band, zu meinem Partner, und fließt von dort aus wieder zurück in den Kosmos. Unsere Verbindung ist angeschlossen an den kosmischen Kreis-lauf. Und ich sehe einfach zu, wie diese kosmische Energie unsere Verbindung bereichert und auch verändert, wie sie erweitert wird und heilt.

Und ich erkenne die gemeinsame kosmische Aufgabe, die wir haben. Und ich erkenne auch, dass ich mich jederzeit dieser Energie öffnen kann, die mir hilft und mich führt, die alte Dinge heilen lässt. Und ich achte noch einmal auf die Liebe in mir und schaue jetzt einmal, welche Aspekte von mir kann ich noch nicht leben? Welche Seiten von mir mag ich noch nicht? Wo gibt es noch Dinge, die ich an mir gerne anders hätte?

Und wenn ich will, stelle ich zu diesen Aspekten, zu diesen Seiten, in mir jetzt eine Verbindung her und gebe diesen

Seiten in mir meine Liebe. Anerkenne, dass sie ein Teil von mir sind, und lasse die Liebe zu all den Teilen fließen, die ich an mir nicht mag.

Vielleicht gibt es Kellerkinder, Dinge, die in mir verborgen sind. Und wenn ich mag, gestatte ich ihnen einfach aus der Tiefe heraus zu kommen und in die Liebe mit einzutauchen, empfange sie einfach in Liebe, nehme sie an. Wenn es mir möglich ist, nehme ich sie in meine Arme und sage ihnen, dass ich sie gut finde. Ich gestatte einfach, dass Heilung geschieht und spüre, wie ich in mir vollständiger werde. Wie sich in mir, wie ein Mosaik, Teile finden und zu einem Ganzen zusammenfügen. Wie ich Teile in mir integrieren kann, die ich bisher abgelehnt habe. Und wie mir das Freiheit schenkt, zu leben was ich bin.

Ich spüre einfach, wie die Liebe in mir Freiraum schafft, wie Grenzen sich auflösen, wie ich weiter werde und stärker. Und wie ich Vertrauen zu mir finde, zu dem Leben in mir. Und ich spüre auch, wie diese Freiheit auf meinen Partner übergreift und wie zwischen uns Freiheit entsteht, und die Liebe dadurch stärker werden kann. Wie ich meinen Partner freigeben kann, weil ich mir gestatte zu sein, wer ich bin.

Und ich lasse diese Energie jetzt weiter fließen, lasse sie weiter mich heilen und Grenzen auflösen, spüre wie mein Sein sich verändert und wie ich mehr ich selbst bin. Und wie ich in Zukunft mehr Vertrauen zu mir habe und lebe, was in mir jetzt zum Ausdruck kommen möchte. Und ganz behutsam spüre ich auch meinen Körper wieder, spüre auch, dass in meinem Körper Heilung geschieht, wie alte Zellen sich erneuern. Wie sich Dinge, die nicht in Ordnung waren, wieder in Ordnung bringen. Wie alles in mir seinen Platz findet und seinen Raum bekommt zu leben.

Und ich lasse das jetzt einfach weiter geschehen, wenn

ich will, atme ich tief durch, nehme das Leben wieder in mich auf, auch im Außen. Wann immer ich mag, öffne ich meine Augen, lasse aber weiter geschehen, was sich heilen möchte. Und bin wieder ganz allmählich im Hier und Jetzt.

Meditation

Ich finde mich in diesem Augenblick hier an meinem Platz und gestatte mir wieder einfach hier zu sein. Ich lasse die Ereignisse los, die mich gerade noch beschäftigt haben und werde einfach still.

Ich lasse die Gedanken, die kommen, vorüberziehen, wie Wolken kann ich sie mir anschauen und einfach weiterziehen lassen. Ich spüre, wie ich immer ruhiger werde.

Und ich richte meine Aufmerksamkeit jetzt auf mein Herz, spüre einfach mein Herz und die Energie, die in ihm ist. Und spüre, wie viel Liebe in meinem Herzen ist. Vielleicht spüre ich auch, dass sie sich noch nicht ganz frei entfalten kann, und ich gestatte der Liebe in meinem Herzen frei zu fließen.

Ich spüre, wie die Liebe mein Herz pulsieren lässt, wie die Liebe lebendig wird und wie sie stärker wird. Wie sie Blockaden und Hindernisse, die vielleicht da sind, einfach in sich aufnimmt und auflöst, bis sie alle Bereiche meines Herzens erfüllt hat und zu strahlen beginnt. Und ich sehe wie dieses Strahlen über das Herz hinaus geht und meine ganzen Körper ausfüllt. Wie von meinem Herzen aus diese Strahlen meinen ganzen Körper erfüllen. Wie die Liebe aus meinem Herzen an meinem ganzen Körper fließt, bis in die Fußspitzen, durch die Arme in die Fingerspitzen und auch meinen Kopf ausfüllen.

Ich gestatte einfach die Liebe in mir, mich ganz zu erfüllen. Und wo immer ich glaube auf ein Hindernis zu stoßen, nehme ich es einfach weg, wie eine Mauer oder eine Staumauer, so dass es ganz frei fließen kann. Und ich spüre, dass die Liebe sich erweitern möchte, und ich gestatte ihr, über meinen Körper hinaus zu gehen, wie die Strahlen der Liebe von mir ausstrahlen und meinen Nachbarn rechts und links, vor und hinter mir erreichen. Und wenn er mir gestattet, sie in ihn einfließen, so dass das Strahlen meiner Liebe auch zu ihm geht und sein Strahlen dadurch noch heller wird, sich unsere Liebe verbindet und gemeinsam stärker ist.

Und ich spüre auch, wie die Liebe der anderen in mich einfließt. Und wenn ich mag, öffne ich mich dafür und spüre, wie ich sie in mich aufnehmen kann, wie sie mich reicher macht und wie sie mein Licht noch heller werden lässt. Und ich gestatte meiner Liebe noch weiter zu werden, so dass sie diesen ganzen Raum ausfüllt und dass ich zu jedem, der hier ist, einen Strahl senden kann, ihm das Geschenk meiner Liebe mache.

Gleichzeitig spüre ich, wie von jedem, der hier ist, ein Strahl auch mich erreicht und wie wir verbunden sind in dieser Liebe. Und wenn ich mag, kann ich jetzt aus meinem Herzen über die Strahlen geistige Geschenke machen. Ich kann dem anderen etwas geben, was ich glaube, was ihnen gut tun kann. Das kann Dankbarkeit sein, oder Freude, Mitgefühl, Verständnis. Was immer mir in den Sinn kommt, kann ich einfach mit den Strahlen der Verbindung zu den anderen senden, und gleichzeitig offen sein für das, was ich empfangen kann.

Und ich lasse diese Verbindungen jetzt weiter fließen, bleibe weiter offen, und spüre noch mal mein Herz, wie es immer offener wird, und weiter und stärker, und kehre jetzt aber auch wieder behutsam zurück in meinen Körper und in diesen Augenblick.

Ich spüre aber, wie diese Verbindungen weiter bestehen. Und es kommen gerade noch zwei neue, vielleicht senden wir ihnen auch gerade noch einen Strahl aus unserem

Herzen, beziehen Sie einfach mit ein in diese Liebe, so dass sie sich hier bei uns zu Hause fühlen können. Vielleicht erreicht unser Strahl auch ihr Herz, so dass es sich zu öffnen beginnt und wie von selbst beginnt mit zu strahlen.

Und ich lasse es einfach weiter geschehen und kehre ganz behutsam wieder zurück ins Hier und Jetzt. Ich bleibe ganz offen in meinem Herzen und wann immer ich möchte, öffne ich meine Augen wieder. Wenn ich will, atme ich tief durch und bin einfach hier.

Im Buchhandel und Internet finden Sie stets brand-aktuelle Themen, sowie zeitlose Wissensschätze von *Kurt Tepperwein!*

Folgende Bücher und E-Books können Sie direkt über den BoD-Verlag (www.bod.de/www.bod.ch) detailliert einsehen, bevor Sie sich für Ihr Wunschthema entscheiden:

- Ab heute bin ich frei!
- Bäume ausreißen! – Trainingsheft für mehr Motivation
- Berufskrise ade! – Frei sein von Arbeitssucht, Stress, Burn-out, Mobbing, Innerer Kündigung und Arbeitslosigkeit Bewusstseinssprung in eine neue Dimension
- Blinddate mit Magen und Darm
- Bring Farbe in dein Leben mit Dankbarkeit
- Bring Farbe in dein Leben mit einem einfachen Lächeln
- Bring Farbe in dein Leben mit Heiterkeit
- Bring Farbe in dein Leben mit Herzensfülle
- Bring Farbe in dein Leben mit Hingabe pur
- Bring Farbe in dein Leben mit Liebesweisheit
- Bring Farbe in dein Leben mit Seelenkraft
- Bring Farbe in dein Leben mit Stille in dir
- Bring Farbe in dein Leben mit Wertschätzung
- Bring Farbe in dein Leben mit Zeitlosigkeit
- Das Buch der Erfolgsgesetze
- Die hohe Schule des Lebens
- Die Kunst mühelosen Lernens
- Die Praxis der geistigen Gesetze
- Die Renaissance der Frauenpower – 7 Schritte zur Liebesfähigkeit
- Du bist wie du bist!
- Ein Leben ohne Ängste und Sorgen? – Trainingsheft für mehr Lebensqualität
- Einfach nur schön
- Endlich wieder FIT! – Trainingsheft zur Gesunderhaltung
- Erwachen zum wahren Sein
- Folge deinem Leitstern
- Frau sein – ganz sein, Mentaltraining für eine neue Weiblichkeit
- Geistheilung durch sich selbst
- Gelassenheit
- Gelebte Achtsamkeit

- Gestalte dein Leben einfach neu! – Energetischer Impulsgeber zum Thema Alltagsführung
- Gesund für immer
- Glaube an Dich!
- Glücks-Gesetze
- GoldenWay Edition: Das Leben als Einweihungsweg
- GoldenWay Edition: Ihr Zauberstab Gedankenkraft
- Hilf dir selbst. Sei du selbst. Gesunde!
- Kausal-Training
- Leben im Überfluss, Die Zukunft selbst bestimmen
- Leben in der Gegenwart der Engel
- Liebst du mich auch? Energetischer Impulsgeber zum Thema Partnerschaft
- Nie mehr ärgern, bewusster leben
- Nie oder Jetzt! Aufbruch zur wahren Identität
- Out-Burn, Burn-out umkehren. Der Ausweg aus der Erschöpfungsfalle.
- Perlen der Weisheit
- Probleme adieu! Trainingsheft zur Konfliktbesänftigung
- Schreib Dein Leben um
- Selbstbewusst durchs Leben! – Energetischer Impulsgeber zum Selbstwert und Sicherheit
- Selbstheilungskräfte aktivieren
- Sinnfindung leicht gemacht! – Energetischer Impulsgeber zum Thema Bewusstwerdung
- Tepperwein Magazin der neuen Generation
- Tepperwein Magazin der neuen Generation 2
- Tepperwein Magazin: Wünsche & Träume mit Mental-Training verwirklichen
- Von der Angst zur Lebensfreude
- Wahre Freundschaft: Tierisch echt!
- Was wünscht du dir vom Leben?
- WEIH-NACHTEN
- Willkommen in der Leichtigkeit
- Willst du erfolgreich sein? – Leitfaden zu Reichtum und Erfolg
- Wunder vollbringen durch schöpferische Imagination
- Zeit halt, stehengeblieben! – Trainingsheft für ein gutes Zeitmanagement

Meine Notizen

Meine Notizen

Meine Notizen

Meine Notizen

Meine Notizen

Meine Notizen

Meine Notizen

Meine Notizen

Meine Notizen

Meine Notizen

Meine Notizen

Meine Notizen

Meine Notizen

Meine Notizen

Meine Notizen

Meine Notizen